達賴喇嘛送給父母的幸福教養書

告別懷疑、不安、疲憊、罪惡感，
迎接嶄新的親子關係

U0017976

安娜·芭蓓蔻爾 Anne-Bärbel Köhle &
史蒂文·李斯 Dr. Stefan Rieß＿著
李道道＿譯

跟其他所有的孩子一樣，
我的孩子也像個小釋迦牟尼似的，
有著圓滾滾的肚子和大大的頭，
甚至連微笑都同樣的神秘！

謝謝你們，孩子們！
謹以此書獻給天下所有的孩子。

安娜・芭蓓蔻爾
史蒂文・李斯

目錄

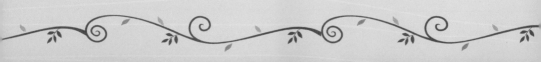

【推薦序】

父母與孩子是彼此生命中的天使

在看這本書時，經常會有會心的喜悅，也從書中的描述，讓我更進一步思索陪伴孩子過程中自己的成長與收穫。

我很同意作者所說的，養兒育女的秘訣，根本從頭到尾都不存在，因爲對別的孩子有用的，對自己的孩子也許完全沒用；這個階段對孩子有用的，搞不好過沒多久卻又沒有效果了。

假如眞是如此，那麼爲什麼要看這本或其他許許多多的教養書呢？我想，雖然每個孩子都不同，但是有些基本的原理原則是共通的，只要有心，法門千千萬，我們可以自行找到最適合自己孩子的方法，而且從別人的經驗裡，可以給我們一些安慰與信心。沒錯，當我們知道別人比我們還慘時，以及我們碰到的困難不是舉世唯一時，心情就會好一點，就會有勇氣迎接新的一天。

曾經有人這樣形容：因爲人們無法自始就懂得完整觀照自我，所以上帝才創造了孩子，讓人有機會回溯生命。因此，孩子是上蒼給我們生命中最珍貴的禮物。

許多專家學者常常提醒我們，孩子不是我們所「擁有」的，他們是獨立的個體，因此家長不要有太多的掌控與期待，要讓孩子依照自己的個性與天賦來發展。沒錯，每個孩子都是獨特的生命，但是大人卻很容易忘掉，我們也是個獨特的生命，當我們爲了孩子犧牲自己的興趣、放棄自己的夢想時，我們就會變成依附在孩子身上的負擔。

我看到周遭有太多的父母爲了孩子費盡心力，改變了自己原本的生活作息與生涯規畫，雖然我們嘴巴會說：「這是我心甘情願的！」但是我相信我們內心深處還是會遺憾，當我們爲了孩子犧牲自己之後，父母與孩子彼此就不是獨立的個體了！從這本《達賴喇嘛送給父母的幸福教養書》，讓我們在養育孩子的手忙腳亂、筋疲力盡中，仍可以保有清醒而覺知的自我。

孩子不該是父母的責任，更不是華人俚俗說的「相欠債」，而是彼此生命中最珍貴的禮物，幫彼此找到屬於自己的天職與召喚，父母與孩子是彼此生命中的天使。

我們常說同船共渡或擦肩而過的相遇都是累世的因緣所致，那麼父母與孩子可以相伴一生，又是多麼深厚的因緣啊！值得我們好好珍惜，好好享受！

李偉文

【譯者序】

第二個孩子也照書養

第一眼看見這本書時，我正身陷於水深火熱之中，立刻直覺碰到渴求的救星了。

那時我正帶著十四歲的兒子和十歲的女兒，從居住了十年的日本北海道搬到台灣花蓮，好不容易安頓下來，處於叛逆期漩渦中、或叛逆暴風雨前的兩個孩子，加上面對環境巨大變動的不適應，讓我頭痛極了！每天的日子都過得戰戰兢兢，雖然很多人都提醒我：媽媽自己要先放鬆，但我就是無法卸下肩膀上沉重的擔子，所以一眼看到本書作者之一安娜．芭蓓蔻爾的吶喊：

維持心情平靜？碰到這種事情，誰還能保持平靜？

我馬上領會到，並不是只有我一個人走在養育兒女的坎坷途徑上，連所謂的專家也同樣苦惱啊！然而，一般學者專家寫的育兒書所提出的應對方法，讀了以後常常是頭腦雖然明白這些理論，但當自己眞正遇到問題時，仍然無法把持。因此我下定決心要翻譯這本書，不但是爲了幫助與我一樣陷入掙扎的父母們，更是爲了解放自己的痛苦！

其實，爲了我自己的成分可能還更大得多。因爲翻譯與一般的閱讀不太相同，爲了找出最貼切的翻譯文句，這些原文在我腦海裡漂浮迴盪、撞擊著我的思考，而不像一般書籍看過就算。在咀嚼文字的過程中，體會得更深入，震撼也更強大。

當安娜・芭蓓蔻爾說：

無論父母多麼努力，孩子都不會甘心只成爲父母的一個分身，他們總有一天要走上自己的道路。

我原本繃緊的神經忽然柔軟了下來，心裡浮現的是自己小時候拚命反抗父母爲我鋪設的道路、甚至不惜負氣離家出走的情景。

多麼神奇的力量！一瞬間讓我明白了問題的根源，其實一直在我身上，而不是孩子！

如果我——一個能夠（也應該）爲自己行爲負責的成人，都不能遏止咆哮的衝動，任憑自己的習氣像反射動作那樣一再出現，不能修正自己的不妥，那麼，又如何能要求我的對象——一個還在摸索這個世界的孩子，聽我說了一次以後，就能按照我的要求去做、去改變？

於是，我嘗試按照書中的建議去觀照自己的生活，讓時間每時每刻都過得更正念、更有意義。我開始看見每件事情背後的意義，輕重緩急與先後順序自然湧現而出。就這樣，慢慢地，慌張不安、亂抓一把的情形變少了，我逐漸能夠讓意識專注在「此時此刻此地」正在發生的事情上，而不去擔心該上課的時間或今天的晚餐。我發現自己眞的操心過度了！

在這項功課上，孩子們都是我的老師，他們專注於當下的本事似乎是與生俱來的，卻總是被我們認爲很重要（對他而言可能都是瑣事）的事情打斷，也難怪會把親子關係弄得劍拔弩張了。

當我學會處理自己的憤怒和罪惡感，也逐漸懂得如何和孩子的憤怒相處，親子之間的爭執就減少了。而書中所介紹的按摩和瑜伽練習，也幫助我跟自己以及孩子的身體和解，緩和緊繃的神經，使家庭的氣氛爲之改觀。

以前人都說：第一個孩子照書養。因爲我們都是在爲人父母後，才逐漸學會如何養育子女的，雖然第一個孩子一定是戰戰兢兢不敢造次，然而有了第二個孩子以後，紀律多半開始鬆弛。幸運的是，由於這本書的及時出現，家裡兩個性格迥然不同的孩子，結果都是照著書來養的。

這時候我深深感謝自己身爲譯者所佔的便宜，因爲到目前爲止從這本書中受惠最多的就是我。如今，我更衷心地希望拿起這本書的每位讀者，也都能從中得到與我同樣多的收穫！

李道道

【作者的話 1】

如發現新大陸般去理解孩子

兩年前，我的兒子平平出生到這個世界。用「我的兒子」這樣的說法或許並不恰當，因爲他還有母親。平平的母親克蘿蒂亞是我心愛的妻子，平平當然也非常愛她。因此，或許「我家的兒子」才是比較貼切的說法。但是當我和妻子對育兒問題出現歧見時，我偶爾也會用「我的兒子」來取代「我家的兒子」這個說法。

平平一出生就徹底改變了我們的人生，原先我們對家族的看法也完全被他顚覆了。在兒子實際來到這世上之前，我們不曾仔細思考過家族的具體意義。對我們兩人而言，不過就是增加一名家庭成員，因而樂觀地認爲生活應該不會起太大的變化。

然而，事實卻比預料的複雜得多。現在，我對這個降生到家中的新生命，每天都充滿新的喜悅。雖然這本書主要是針對養兒育女的困難而寫，但即使把所有的困難都列入考慮，我仍然會覺得，兒子平平絕對是我生命中最珍貴、最美好的禮物。

從妻子出院回家的那一刻起，我們立即發覺完全不同的人生已經在我們面前展開了。首先，我們每天的作息完全受剛出生的兒子支配，兒子哭喊著肚子餓，就趕快給他喝奶吃副食品；吵鬧著想要睡覺，我們就得哄他入睡，放在小床後還得躡手躡腳地保持安靜，免得吵醒他。當然，想要出門的話，就得先準備娃娃車和其他大大小小的道具。

這樣說的話，養育小孩看起來似乎是件輕而易舉的事情，實際上卻沒那麼簡單。首先，要知道他到底想要什麼，就已經很不容易了。相信只要養育過小孩的人，一定知道我在說什麼。剛出生的嬰兒到底想要什麼，你只能靠自己的眼睛觀察、或從他的哭聲大小來判斷。

他到底是玩累了、還是肚子餓了，或者是因爲長牙齒而覺得牙床癢得難受？搞不好是生病不舒服？還是發燒了？

跟平平一塊兒生活，就像是踏上陌生的土地探險，時常摸索不出他眞正的意思，也不知道他會採取什麼行動。因此，我們也無法判斷到底該如何反應、採取什麼行動。這時候，唯一的方法就是：無論發生什麼無法預期的事都不要動搖，調整自己的心情、預留一片空間，然後再盡力跟孩子一起去體會他的想法和行動。

孩子如同一片全新的大陸，因此，父母必須努力去理解他在想什麼、為何如此行動？有些人可能會以為每個孩子都是一樣的，但是他們恐怕會覺得失望，因為所謂養兒育女的秘訣，從頭到尾都不存在。世界上沒有兩個相同的人，嬰兒也一樣。有些嬰兒的性格溫和安靜，沒人理他，他就乖乖地動也不動；可是也有些嬰兒整天都精力旺盛動個不停。有的孩子滑頭、有的孩子內向、有的孩子積極、有的孩子害羞……。

歸根究柢，對某個孩子有效的方法，對其他孩子卻可能一點用都沒有。所有孩子唯一的共同點，只有他們在出生後就開始把各種課題丟給父母這一點。

因此，每年都有無數的育兒相關書籍陳列在書店裡，這是理所當然的事。這些關於育兒的書籍，內容五花八門、應有盡有。從對待孩子的方法到各種目標，哄孩子入睡的方法、如何教育不安的孩子、我行我素的孩子、如何培育孩子的才能、如何讓孩子順利適應學校生活、如何跟青春期的孩子相處、如何引導孩子走向成功……。

這類的育兒書籍，大概不外乎「父母這樣做，孩子就會怎樣怎樣」，或者「若你的孩子有這種傾向，你就該怎樣怎樣」等等，看起來就像是教戰守則似的父母教育方針，而且大部分都是從「孩子有問題」這個觀點出發。

我並不反對兒童初期教育，而且，事實上，許多父母在孩子哭泣時就馬上慌了手腳，迫切需要具體建議，希望有人能告訴他們怎麼做。因此這一類書籍在某種程度上，的確也滿足了父母這方面的需求。但是，大部分的育兒書都忽略了「問題並不完全在孩子身上」這個前提。

如果孩子哭個不停、不肯睡覺、沒有食慾等等，主要的問題其實都在父母身上。因爲讓孩子吃飽喝足、睡眠充足、覺得安心舒適等種種責任，到頭來還是父母得一肩扛下。既然已經爲人父母，我們就必須具備照顧孩子的能力。養育子女的責任都在父母肩上，而不在孩子本身。爲了能具備這些能力，父母必須認眞地面對自己的想法、感情、生命、甚至信念，我們也因此而煩惱不斷。

史蒂文・李斯（Stefan Rieβ）

【作者的話 2】

孩子讓我們理解充實人生的真實樣貌

對父母而言，根本不用擔心日子會太單調無聊。我們每天總會發生一些預料不到的事情，有時候甚至會讓我們不知該如何處理：不知到底該高興，還是生氣。有些狀況讓我們連自己的感情都無法好好掌握。

例如：正值青春期的兒子三更半夜喝醉酒，偷偷摸摸地進家門時，我心裡有兩種感情爭相不下：其中具有溫柔母性的那一方覺得「還好他平安回到家了」而放下了心；但同時另一個我卻很想用力拉扯兒子的耳朵，對他大聲吼叫：「你到底去哪裡鬼混了？」身爲母親，心裡確實經常會出現這樣的矛盾和掙扎。

跟孩子一起過日子，簡直跟在太空中旅行一樣神秘，不知道應該憑恃著什麼樣的價值觀念來生活，不確定該用什麼思考方式、採取什麼態度來面對生命。我先生和我這十九年來，一直不斷地問自己這樣的問題。

十九年前，大兒子麥可斯米立安出生，那時候我先生只有二十四歲，我也才二十五歲。兒子出生以前，我們只單純地認爲孩子不是問題，覺得我們照樣能快快樂樂地過日子。可能剛開始時把養育子女想像得跟養條狗一樣簡單吧。但是，當護士把嬰兒抱來放在我肚皮上的那一瞬間，我忽然體悟到自己之前眞是錯得離譜。

很多人認爲對女性而言，第一次跟自己生的嬰兒見面那一刻，是一生中最幸福的瞬間，那時的感動和幸福的程度，甚至超過婚禮。但是，對我而言，事實並非如此。我那時感到的是忐忑不安的心情，覺得非常害怕：這麼弱小、這麼脆弱的小人兒，我必須對他負起所有的責任啊！

想到日後要面對多少可能發生、而我似乎沒有能力解決的問題，就令人擔心。第一次見到自己的寶寶，我發覺到：「自己未曾這麼無條件、這麼絕對的愛過一個人。」同時我也領悟到：「總有一天我得放手，讓他一個人毫無保護地走進這個世界。」總而言之，那一瞬間，我同時感覺到無比的快樂幸福，和有生以來最大的灰心喪氣。

二兒子裴利克斯出生時，就沒有第一次生產時那麼大的衝擊。那時候我已能明瞭，雖然孩子有一部分來自我們，但跟我們卻是不同的獨立個體。即使孩子的耳朵像爺爺、眼睛像媽媽，但孩子的靈魂中到底藏了一個怎樣的小宇宙，卻不是我們所能明白的。無論父母多麼努力，孩子都不會甘心只成爲父母的一個分身，他們總有一天要走上自己的道路。

我們能夠照顧孩子，盡力當他們的楷模，但是孩子會成長爲怎樣的人、將來要做什麼，都不是父母所能決定的。我們能做的只是支持孩子，不讓他們倒下而已。也正因如此，更多時候，我們甚至要藏身幕後不讓自己現身，我們得學會「把孩子推出去」的方法，隨時細心留意，不讓自己的心失去平靜和溫柔，而且盡最大的力量，不要在家庭中掀起風暴。

但是這些都是經過學習就能得來的嗎？先說結論的話，我覺得其實可以說是、也可以說不是。例如：貓咪在沙發上嘔吐、國稅局無預警的寄來繳稅通知單、或者洗衣機發出不尋常的怪聲時，我都可以先深呼吸一口氣，暫時壓抑住澎湃的情緒。

然而，當我看見兒子拉丁文低空飛過、法語不及格的成績單時；其中一個兒子發高燒起不了床時；還有警察打電話來說：「你兒子和朋友在森林裡玩火被逮到，現在人在警察局，請你過來一趟」的時候，我一定會放聲大叫：維持心情平靜？碰到這種事情，誰還能保持平靜？

不過也有很多日子是全然相反的，在那些日子裡，我非常高興自己能擁有孩子，感覺到能跟這兩個青少年一起生活，對我而言是多麼大的恩賜啊！

第一次坐上駕駛座握住方向盤的大兒子，一邊對我說：「媽媽，別緊張！」一邊開車送我去公司上班的那天，就是這麼一個典型的好日子：開車到公司，會經過慕尼黑郊區布拉格村外的伊薩山谷，那天早晨太陽閃爍著金光，照在開始轉紅的楓葉上，閃閃動人。兒子對我說：「媽媽，你每天上班都經過這麼美麗的道路，眞是幸福耶！」讓我發覺到，「就是這樣看似平凡的瞬間，才使得生命充實而美好啊！」

我不由得衝口而出：「麥可斯米立安，你教會我一件很重要的事，你讓我感受到平凡中的幸福！我由衷地感謝你！」在這樣的日子，感覺到自己和周圍的美好合而爲一，盡情享受這個瞬間，這感謝，由衷地發自內心。

每天的生活都在設法解決所碰到的各種難題，而且一回過頭來，好像還有其他的問題在等著解決，天天都充滿驚奇，日子就這樣悄悄過去，一晃就是十九年。現在回首看這些歲月，雖然狀況不斷、沒有一件事能按照計畫實行，但也正因爲有孩子，我們才能學習到許多寶貴的經驗。

佛教中稱孩子是「眞正的禪僧」，這句話深深引起我內心的共鳴。孩子讓我體會到「眞正有意義的人生是什麼」，也讓我發現：執著心對事情沒有幫助，只有寧靜的心和愛，才是解決問題的不二法門。

而且，所有的孩子，不，應該說每一個人，都是個特別的存在。孩子們讓我理解到：應該放開心胸讓他們按照原來的樣子去接納自己這個特殊的存在。

當然，明白這個道理是一回事，不一定能完全如此去行動，但至少我們能夠盡量努力、逐漸地接近理想。

安娜．芭蓓蔻爾（Anne-Bärbel Köhle）

【前言】
脫離傳統框架的教養書

這本書並不準備處理親子之間發生的各種問題。我們的願望是：「極爲正常的父母，和極爲正常的孩子們一起，如何在極爲普通的日常生活狀態下略作調適，讓孩子們能適應得更好，成長爲幸福的人。」我們每天奔忙於托兒所、幼稚園、離乳副食品的食譜、游泳教室等等之間，一不小心就會忽略一個重點。

那就是：跟孩子們一起度過的人生，是多麼愉快！孩子們豐富了我們的人生，這是生命中最特別的禮物。在與孩子相處時，千萬不能忘記這一點，接納孩子原來的樣子，伸出手幫助他成長；雖然他還很小，卻仍然是個非常特別的生命，我們必須從這樣的角度來愛他。

若以這個觀點來看，本書並不能算是一般傳統的育兒書。這本書只提示了幾個簡單的、任何人都能適用的教育原理，只要我們自己能實踐這些原理，那麼爲人父母的人生就會充滿祥和幸福，而且與孩子們共度的日子也會更加充實。

此外，雖然對這些原理的理論性說明，構成了本書很重要的一個環節，但是，實踐和體驗其愉悅的一面，也絕對是同樣重要的部分。因此，本書旨在介紹各種訓練方法，用來幫助父母和孩子得到休息和從容的心情。

爲何將達賴喇嘛的信念運用在教養上？

有些讀者可能會對本書的書名感到疑惑，因此在此解釋一下選擇這個書名的理由：其中一個當然是希望能用最簡潔清楚的文字，傳達我們的訊息。同時也因爲我們特別尊崇達賴喇嘛的思想、信念和價值觀。

原則上必須遵守下列三項規則：大愛和大目標都伴隨著同樣大的危險而來，因此最重要的是：尊重自己，同時尊重他人，而且不能忘記，責任永遠是跟行動同時發生的。

達賴喇嘛

對於信仰藏傳佛教的人們而言，達賴喇嘛的存在是至善的表徵，也是幸福人生的化身。人們認爲他代表的是一個更美好的世界，而且這個世界並不因爲過分純淨而顯得距離現實生活太遙遠。世界上很難再找到像丹增嘉措（即第十四世達賴喇嘛）這樣能體現「智慧、善心、均衡、生命的喜悅」這些詞彙的人物了。他在中國政府入侵西藏之後，逃亡到印度的達蘭薩拉，開始了流亡生涯，不僅祖國西藏的問題因而廣爲世界所知，他也將佛教哲學推廣傳播到西方世界。

在蒙古語和西藏語中，達賴喇嘛是「智慧深似海」的意思，他在佛教國度西藏，不但具有世俗上最高的政治地位，也被推崇爲宗教界最重要的人物，同時，人們相信他是觀世音菩薩的化身。

達賴喇嘛之所以受到藏人如此崇高的尊敬，原因在於人們相信他是「爲安樂一切眾生，而藉由平凡人的身形，乘願來到人間」。從佛教的觀點來看，雖然他已經達到證悟的境地，卻仍不進入涅槃（永恆的和平境界），反而爲解救人間苦難，轉世投胎來到這個世界。

但是，請讀者儘快拋棄從這本書中獲得關於輪迴轉世、西藏的政治狀況等知識的期待。本書探討的不是西藏或藏傳佛教，而是達賴喇嘛所給予極爲實用的教誨。換句話說，本書所提示的重點是：達賴喇嘛將所有生命體視爲珍貴的存在而敬重的態度、「捨棄執著之心」的要求，以及「以正確的心念洞察一切」的願望。

當然，除了達賴喇嘛之外，還有許多人也傳授類似的教誨，其他宗教也能找到類似這樣的思想。而且許多東方傳統文化的要素，現在也都在西方科學中生根茁壯，東方和西方的心理學家和教育學者們也經常舉行國際會議，共同研討各種教育方法。

舉例來說，在稱爲「正向心理學」的最新心理學領域中，有一個關鍵字叫做「mindfulness」*，也就是佛教所說的「正念」。在正向心理學中，主要在探求家族裡的具體問題點，藉此強化家庭整體的體質，並運用於孩童的教育上。

＊mindfulness：隨時將意識集中於當下這一瞬間，正確地覺知當下的現實，不受思考、感情、習慣所束縛的狀態。

這種正向心理學所下的結論是：「脫離執著心而能寧靜度日的父母所教養出來的子女，將來多半都能夠過著幸福寧靜的人生。」

這本書的讀者必須是佛教徒嗎？

完全沒有必要！而且我們也不打算在這裡傳佈佛教。其實，我們反而可能會受到佛教徒或關切佛教的人抗議，認爲本書內容違反佛教的教誨。

但我們也已做好心理準備，因爲我們的確不只從佛教、也從其他宗教和流派的教誨中獲得許多靈感。我們從長達二千五百年的佛教史中找出許多資料來閱讀，因而獲得這本書所必須具備的靈感，不僅只是達賴喇嘛所代表的藏傳佛教，也包括日本的禪宗、越南僧侶的教法，以及最原點的釋迦牟尼教法，我們都廣爲參考。

我們所著重的不在於宗教教義本身，而是每個人都能理解的、東方哲學中佛教所傳授的心理學上的教誨。因此，宗教人物以及教義上的信仰，都不是那麼重要。

釋迦牟尼從未希望人們對他的教誨毫不批判地無條件追隨，相反的，他還曾經表示：「千萬不可只因爲是從前傳承下來的、或者是世界上著名的書籍中記載的，就毫無條件地相信。」甚至他還教導大家：即使是直接從釋迦牟尼本人口中說出的話語，仍不可盲目地相信；只有在符合自己的理性以及人類健全常識的條件下，才能接受。

大部分的佛教思想都主張要自己親身接觸過、覺得好的才接受，不好的則不需接受；同樣的，我們也希望讀者能夠這麼做。你不必要同意，也不需要絕對服從這本書的所有內容。只要用佛教的教法來對照自己個人的經驗，然後選擇自己認爲正確的部分接受即可。

佛教與伊斯蘭教、基督教不同，它並不是個隨時都有特定答案存在的宗教。佛教要讓我們每個人自己去探求答案，只在過程中提供我們各種方針。

我們必須隨時謹記釋迦牟尼所說過的這句話：「解脫不是外來的，唯有各自努力以求得。」

孩子徹底改變了父母的生涯

張開雙手，迎接變化。

——達賴喇嘛

迎接全新的狀況

父母總有各式各樣的煩惱：「家中一切問題都能解決嗎？」「要照顧孩子，又要維持夫妻間圓滿和諧的關係，還要顧及工作和自己的生活，有什麼辦法能夠完全兼顧呢？」「如何才能建立幸福美滿的家庭呢？」等等。

在孩子出生前，我們都有自己的社交生活，可以跟朋友去看電影、欣賞戲劇，能夠從事自己喜愛的運動，也有充分的時間投資在自己身上。但是孩子生下來後，生活就完全改觀了。從孩子出生之後，我們立刻發覺，要像以前一樣兼顧社會生活和家庭生活，是件多麼困難的事情！

例如：在公司整天抱著電話處理重要業務，承受著巨大壓力的情況下，幾乎不可能有餘力去關心孩子。有些時候，單單在家照顧孩子，就已佔據了自己所有的時間，連上個廁所、沖個澡、吃點東西的時間都沒有。很多人都在長期疲勞、睡眠不足的狀態下，發覺自己的時間愈來愈少。這樣想來，真的不得不佩服單親家庭的父母了。若是有兩個人，還能互相支援、分擔工作，讓對方喘一口氣；但若只有一個人，就得承擔起雙倍的負擔。

因此，有了小孩之後，父母要學的第一件事就是：「先自覺到人生已經跟之前的生活全然不同了，並且認眞地接受這個事實。」所謂的「接受」，並不單純只是被動地忍耐承受這個新的狀態，而是歡喜地迎接變化——從今以後就是父母和孩子，共同走上一條嶄新的道路。生小孩這件事本身帶來了許多變化，而且此後在與孩子共同生活的日子當中，每天都還會遇到更多新的變化。

但是，仔細想想，這種變化其實也不壞！因爲發生在我們身上的一切事情，即使非常難以忍受，也將會是幫助我們成長的磨鍊。

經過這樣的過程，我們對自己的了解就更會加深一層，而發覺自己身上出現了新的可能性。在爲人父母之後，我們會更勇敢，也能培養出更旺盛的自我意識。這是因爲在養育子女的過程中，無形中也培養了自己的能力，而且每天面對新的體驗，也能更增長我們的自信。

話雖如此，但孩子們所帶來的「毫無預警的突發狀況」會對父母造成負擔，卻也是事實。怎麼說呢？因爲大人已經習慣自己計畫未來，爲將來的成就做準備。但是在爲人父母之後，卻會受到全然不同的挑戰。

孩子一旦出生，我們的生活就陷入混亂、無秩序的混沌之中，常不知不覺地爲此責怪自己能力不足。而且內心掙扎、爭論、以及夫妻吵架的題材，也比以前多了。父母很容易因爲不知道還能忍耐這樣的狀況多久、或者因爲不知道這些沒完沒了的義務和課題還會持續多久，而覺得沮喪無助，就像個每天都得應付大考小考、考試不斷的考生似的。因此，我們當然會比沒孩子的時候，更容易感到疲憊、失望、憤怒、不安、無力。

那麼，難道孩子是一切擔心、受苦的原因嗎？若是這樣，不如乾脆不要生小孩好了！但其實絕非如此，換個角度來看，孩子也是促進活力和發展的原動力，他們的生命本身就是奇蹟。若沒有孩子，還有誰能讓我們體會美好的經驗、強化人生的深度？美國的一位醫師，同時也是心理學家、佛教徒和指導正念的導師——喬・卡巴金（Jon Kabat-Zinn），曾說過這樣一段話：

「從獲得子女的那一刻起，我們與宇宙萬物之間的關係，以及我們看待事物的觀點，都變得截然不同。而且產生了希望與連帶感，以前不能體會到他人的痛苦，現在都能在我們內心引起強烈的共鳴。為人父母只要考慮到子女的未來，就會變得關心戰爭、貧困和環保等問題，甚至願意改變人類的將來！」

Before & After

史蒂文・李斯

直到兒子平平出生之前，我和妻子克蘿蒂亞只是一對極為平凡的夫妻。我們兩人熱愛工作、和朋友一起享受燭光晚餐，有時逛街、看電影、參觀博物館，到了星期天早晨就賴床睡到飽才起床，還挺會享受人生樂趣的。

而且我們堅決地相信，即使有了孩子，也絕不會影響我們的生活，反而會使我們的人生更加充實豐富。因此，在妻子懷孕期間，我們對於即將誕生的孩子充滿了期待。

然而，孩子出生不過幾個星期，我們的生活就完全走樣了。浪漫情懷消失得無影無蹤，相反的，心理壓力卻揮之不去。沒有夫妻兩人單獨相處的時間，得全天候待命，隨時應付一個嬰兒毫無止盡的要求。

雖然這麼說，但身為父母的我們，絕非沒在產前做好充分準備。我們為嬰兒準備了舒適的房間、買了嬰兒洗澡用的浴盆，也備好了尿布和嬰兒服，在物質上可說是做了萬全準備。

然而，我們卻碰到了事前從沒想像過的障礙，而這個所謂的障礙，是個會用獨特方式表現自己需求的某個生命體，也就是我們兒子平平的存在。

為求盡到父母的責任，我們被迫完全否定自己之前的一切，半夜時常在嬰兒怒吼似的哭聲中驚醒、跳起來安撫哭鬧不休的嬰兒，抱著他在房裡繞來繞去，哄了超過三十分鐘仍不停息……。還有呢，我們也得研究換尿布的正確方法、以及用溫水安全地為嬰兒沐浴的方法等等。

以前的我們可以兼顧工作和日常瑣事，還有時間享受餘暇樂趣，以為已經不可能再擠出其他時間了。但兒子平平出生後，我們才發現這一切都只是我們的錯覺，這個小傢伙突然佔據了我們生活中絕大部分的時間。

上班、逛街、家事等以前認為很重要的事情，現在都無足輕重，只要能應付過去就算了。也正因如此，我們所受的壓力也備增，這點到現在都還沒什麼改變，因為公司的工作、家事等等都沒有減少，依然等著我們去完成。

手指瑜伽
感覺自己的氣

嘗試利用以下的動作，感覺自己「氣」的存在。

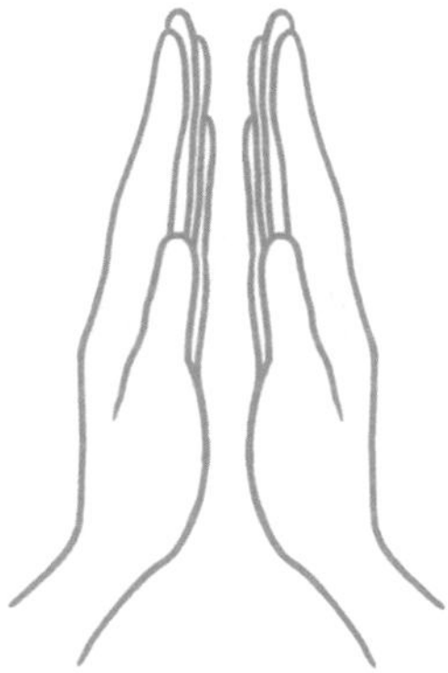

閉上眼睛。
兩手在胸前合掌，但手掌心相距大約一、二公分，維持這個姿勢一分鐘左右。
能夠感覺到自己因為氣的緣故，兩掌之間帶點暖意。

我們的指尖非常敏感，只要有一點點壓力都能感覺得到，因此能經由這麼敏感的手來感覺氣的流動。只需非常少的時間，集中在自己與自己的想望上，就能從照顧孩子的繁忙生活中，稍微拉開距離，讓自己喘口氣。

向孩子學習

孩子們可以很自然地活在「當下」，一點問題都沒有。若能以正念的心靈，正確的觀察孩子，他們都能成爲我們的「心靈導師」。喬・卡巴金醫師曾經指著孩子說他們是「小禪僧」。事實上，禪僧和孩子之間，的確有一些共同點。

禪僧對自己所說的話不多加解釋，而且也不受雜念干擾，不會浪費時間煩惱過去所發生的事、或將來可能發生的事；他們的思考並不侷限於道德的框架中，也沒有罪惡感或贖罪這類概念。此外，他們也不會受困於某種思念或期待的感情中，不追隨所謂永恆不滅的眞理所勸導的「正確行動和態度」。

禪僧的行動和言論時而充滿矛盾，變化多端，理由到底是什麼呢？那是因爲禪僧希望能打破僵硬的思考模式、領悟更深的眞理，因而集中精神生活於「現在、當下」的關係。

孩子也跟禪僧一樣，不斷地改變想法、前後矛盾，而且很愛挑起爭端，總是找機會下戰書給我們。他們每次都把父母無法依照既有概念和習慣來解決的問題，丟給我們。

即使我們好不容易自以爲找到了解決方法，還是不能掉以輕心。誰知道過了幾分鐘、幾個鐘頭、或者幾天以後，同樣的方法是否還能行得通？孩子隨時都在學新的花樣，他們改變的速度，比大人想像得快得多。父母若跟不上他們的變化速度，就得隨時爲他們丟出來的課題而煩惱了。

而且孩子也比大人要精力旺盛得多，他們不肯靜靜的坐在一個地方，而總是在周圍漫步探險。只要你有帶著孩子在超市櫃檯等結帳、或在公車站牌等公車的經驗，一定會對我的話點頭稱是。孩子擁有這般旺盛的活動力，加上他們渴求父母的關心和親情，希望父母的眼睛能夠隨時注意他們，所以不管你是否在他身旁，孩子都強烈希望父母能理解他們所發生的變化。爲了滿足這些需求，他們只好不斷地發揮創意去吸引父母的注意。

這時候我們該如何對應呢？當然在不符合自己看法或現實狀況不許可的情形下，我們可以無視於孩子的要求、或用言詞安撫他們。但是這樣做，可能需要浪費許多無意義的時間。因此我們應該先管理好自己本身，然後去理解這個小導師到底想要教會我們什麼。

當然，這樣的做法，得在我們已準備好自己的身體和心理的狀況下，才做得到。而且，這種方式也未必保證能成功。跟孩子一起生活，就像爬山一樣，有山有谷、上上下下、起起伏伏。有時候才剛爲他們的心智成長而高興，不消多久，他們又恢復成原來的行爲模式。本來能自己一個人安靜玩耍的孩子，忽然變得黏人，非要媽媽、爸爸陪他一起玩才行；或是五分鐘前才說好要去附近公園玩，臨出門又改變心意堅持留在家裡玩……。

我們可以從這樣的孩子身上學到不少東西：踩水坑有多好玩、奶油麵包又有多好吃、坐公車多有趣……，不過，其中最重要的是，孩子讓我們了解世事無常：人生本來就是由無盡的變化串連起來的。

善變的孩子

史蒂文・李斯

平平最喜歡用玩具電鑽假裝在牆上打洞、用玩具鏟子假裝在草皮上剪草這類遊戲。

他玩這些遊戲時，注意力非常集中，旁邊的人說什麼，他幾乎聽不見。雖然玩具電鑽並不能真的在牆上打洞，玩具鏟子也不能真的剪草，但是這些細節對他一點也不重要。重要的是，平平從學習大人的舉動當中，創造出自己的現實世界。他對新的事物、新的工具，以及與昨日不同的新的今天，特別感興趣。

跟其他孩子一樣，平平無法忍受老是重複做同樣的事情，因此他的心情也不停地改變。剛才還好好的在玩剪草遊戲，一下子就突然放聲大哭了起來，一會兒用鏟子往牆上亂砸，一會兒哭著說電鑽壞了。

這時候，我與平平之間就會出現怪異的糾葛。因為以大人的立場來看，如果幾分鐘、幾個小時、幾天前沒有問題的話，現在應該也沒問題才對啊！

一直很愛吃義大利麵的小孩，今天為何忽然不肯吃了呢？直到一週前，都還是每天抱著哄一下就會睡著的孩子，為什麼今天怎麼哄都不睡呢？昨天還能一個人在沙堆玩得很起勁，今天為何一步都不肯離開媽媽？孩子可真善變啊！

還有，明明已經保證不再拿食物來玩、不把東西朝別人亂丟、不打翻可可飲料、不把杯子丟在地上，可是一轉頭就又故態復萌。因此在平平出現這樣的舉動時，我真的完全弄不懂他的腦袋裡到底發生了什麼事？

平平究竟是否了解自己在做什麼？還是故意要找我麻煩？或者他在試探什麼物理法則？還是在訓練自己的感覺？我想，說不定他是在試探自己的能耐和我的底限？

雖然不清楚他在想什麼，但我能很確切地掌握自己內心的變化。我感覺到心中像是有一鍋燒得滾燙的沸水，不斷地翻騰冒泡。到了這個地步，我已經完全無法控制自己的情緒，既憤怒又悲傷，而且還疲憊得不得了。在必須做什麼事、卻因為孩子的緣故而無法去做時，我們的心中就會焦慮不已，沮喪得無以復加。

指壓按摩

放鬆心情接受眼前的狀況

以下的指壓瑜伽，可有效消除孩子帶給父母的沮喪。

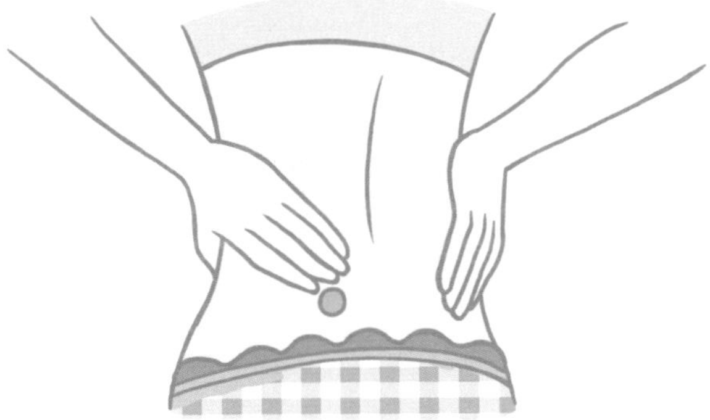

雙手插腰，用食指抵住上圖中「藍點」的部位。這時以食指為中心，將所有手指都併攏。若以輕鬆的姿勢雙手插腰的話，手指自然會落在指壓穴道的位置上。雙手插腰三分鐘，感受自己體溫的流動。

在東方，依照古老智慧流傳下來的身心療法，只要用手掌和手指刺激經穴，就能恢復身體健康。指壓按摩對於消除心理壓力非常有效，而且這種指壓還有增強腰力的效果。

每天不斷變化的孩子

安娜・芭蓓蔻爾

我們在生活中，有時候會感受到兩種相反的感情同時存在。我常常忍不住回想起裴利克斯第一天上幼稚園的情形。當時，裴利克斯都還沒滿兩歲呢！那所幼稚園是一些理念相同且家有同齡孩子的父母開設的，裴利克斯的哥哥也每天去上這所幼稚園，對孩子們來說，那裡一定像天堂一樣棒！每天早上兩名保母帶著大約十個小孩，把玩具熊和玩具都裝上手推車，一起到公園去玩耍。

當然，裴利克斯也想跟哥哥去幼稚園玩，但因為他還太小，讓我不太放心。不過其他父母和保母們都說：「沒問題！」而且我看著裴利克斯每天早上都因為不肯離開哥哥而大哭大鬧，就下定決心也把他送進幼稚園。

裴利克斯終於要上幼稚園了。新書包在他的肚子前面搖來晃去。因為走得太急，他那還包著尿片的屁股搖搖擺擺地晃得特別厲害。裴利克斯走到幼稚園後，頭也不回地衝了進去。我盯著他的背影佇立良久，感覺到一點點落寞，還有一些期待……

父母可以知道的人生真理

世上的一切皆稍縱即逝，我們也因此而受苦。

——釋迦牟尼

我們經由孩子來體驗人生中最棒和最苦的瞬間。孩子讓我們經驗到身體上的、精神上的極限，並且回想起自己小時候的辛苦經驗，我們因而讓自己陷入混亂、憤怒和恐懼當中。此外，孩子也讓我們在這兩種極端的感情之間徘徊。但是無論如何，孩子都是我們的「小禪僧」，爲我們帶來對生命最根本的認知。

佛法的最核心，就是跟人生痛苦有關的四個神聖眞理——四聖諦。住在皇宮中的王子釋迦牟尼，有一天看見人間疾苦，因而對人生的現實和人們的痛苦感到極爲苦悶。他遇見了老人、患病的人、腐敗的屍體以及僧侶，透過這些見聞，領悟到即使住在宮廷中，安樂也是稍縱即逝的。釋迦牟尼知道人生雖然無法避免老去、疾病、死亡這些苦痛，但是他相信我們可以找到更明智的方法來面對痛苦的現實。

釋迦牟尼的這種認知，超越了時代的考驗，永不退潮流，始終是普遍性的眞理。即使現在充滿力量而且健康美麗，但所有的生命仍然無法逃過終有一天會老化、死亡的命運。而在迎向那一天之前，我們的人生也橫亙著無數的難題。我們時常對自己不滿意、感覺到自己能力不足、覺得恐懼、憤怒、爭執、不安、充滿罪惡感。就算現在覺得很幸福快樂，但在某些瞬間仍然會覺得憂鬱、不安。

心情就像坐雲霄飛車

史蒂文・李斯

剛才平平用積木堆了一座很高的高塔，興奮地說：「爸爸，你看，我堆了一座好高的高塔！」可是他不知道在想什麼，又拿起積木打算給高塔再增加一點高度，不料才將積木放在塔上，整座塔就突然搖搖晃晃地崩塌了下來。平平滿臉脹得通紅，把積木抓起來朝周圍亂砸亂丟。

平平也跟許多其他的孩子一樣，每天都會經歷類似這樣的挫折：爬樓梯時沒人抱他上去啦、別的小孩不肯跟他玩啦、想吃巧克力卻得吃蘋果啦……，遇到這些狀況，他就會覺得不滿。

這個時候，他就不肯聽父母的話了。當我正想坐下來悠閒地看個報紙，平平就來吵著要我幫他畫艘船，我心裡也因此湧現不滿的情緒。不僅我會如此，其他父母也會遇到這樣的情形。這時候若不滿足平平的需求，情況就會更加惡化，即使我一點都不曾期待這樣的事情發生，但兩人之間的氣氛就是會在一瞬間變得險惡無比。

又有一天，平平忽然吵著非要用叉子來吃馬鈴薯，任憑我怎麼說都不聽。但是因為他還不太會使用叉子，於是愈來愈著急。當我伸手想幫他把馬鈴薯叉在他的叉子上時，不小心手一滑，馬鈴薯就掉到地上去了。平平瞬間「哇！」地一聲驚天動地的哭了起來，還拿著叉子用力敲桌子，說他什麼都不肯再吃了。

平平對自己的失敗感到挫折，我也對他愛莫能助，結果我反倒像是奪走孩子成就感的殺手，所以情緒也十分低落。然而，其實我們兩人都絲毫沒有讓對方生氣、失望、或者不快樂的意思。

痛苦是人生的一部分

四大眞諦中的第一項，就是「現實世界一切都是苦」的眞諦（苦諦）。所謂的痛苦，並不僅只是受傷或生病時身體上的痛苦，也包含精神上的危機，以及人生的許多苦難，意思是我們的精神並非處於安定的狀態下。

釋迦牟尼將此稱爲「度卡」（dukkha），也就是我們一般所說的「苦」。這個概念也可翻譯爲「不滿足」「不完全」等辭彙。從釋迦牟尼的角度來看人間，人們都是一種不完全、不滿足的存在，這也是無法否定的眞諦。我們之所以不完全的原因在於，這個世界上的一切事物都隨時不斷在變化。

人生的一切都是無常的：小自細胞的變化、大到星球的死亡，一切都不斷在變動，沒有任何東西是永遠不變的。我們總是不知不覺地緊抓住某些東西不肯放手，但那是絕對不可能的事情。當我們感覺喜悅的時候，無不希望時間能停留在那一瞬間；看著孩子睡得香甜的模樣，也希望他們能夠永遠停留在這麼可愛的時期。

但是，孩子總有一天要學會走路，然後從我們身旁走開，並且愈走愈遠。孩子長大了，也有陷入危險狀況的時候，今天感覺到無上的喜悅歡愉，明天也會感到同樣幸福嗎？那可不一定！任何事物都有完結的一天。當然，我們也可以選擇不面對這個事實，繼續對幸福人生懷抱幻想。但只要是生活在這個世界上，仍必須經歷各種不同的痛苦，這是無法改變的事實。

痛苦包括了挫折、不滿、憂鬱、恐懼、害怕等等，所有讓人心無法安定的狀態，因此，完全沒有痛苦的人生是不可能存在的。而且不僅是因生病而讓人感覺到痛苦煩惱，即使是高興得令人覺得非常幸福的時刻，也仍隱含著痛苦的感覺。那是因為我們的內心深處，其實知道喜悅和幸福並不會永恆地持續下去。

教育子女時更是如此。父母一定覺得天底下再也沒有比看見兒女受苦、恨不得自己能幫他們承受時，更痛苦的時刻了。父母對於世界上的種種危險，都希望能全然替子女承受，但這當然是不可能的。沒有一個父母能保證孩子永遠幸福快樂。孩子會跌倒、會受傷，也可能被欺負，或者長大成人後，為無法圓滿的戀情而傷心、經歷離婚等傷痛。我們無法保護孩子不遇到這些不幸的經驗。（關於父母對孩子的擔心、恐懼等情感的對應方法，請參照第一百五十三頁「如何處理負面情緒」）。

瑜伽呼吸法

用單邊鼻孔呼吸，
可活化頭腦、提高記憶力與創造力

這種呼吸法可以讓你重新找回平靜的心，
也可幫助你恢復活力。

先吸進一口氣，用右手的食指壓住右邊的鼻孔。
從左邊的鼻孔呼出氣後，再重新吸氣。
用右手無名指壓住左邊鼻孔，暫時停止呼吸。
然後放開食指，從右邊鼻孔呼出空氣。

重複上述動作並改變先後順序，直到能掌握最適當的節奏感。

痛苦來自執著和欲望

第二項眞諦是：「痛苦的原因來自人們的執著」（集諦）。每當我們感到不滿、不幸、失望等等負面情緒時，從來不會從自己的內在找出原因，反而是怪罪於周遭的「狀況」。

無論父母如何好說歹說，孩子還是任意把食物丟得滿地都是，這當然會惹人生氣。拚命工作了很久，還是無法加薪，也會讓人忍不住心情低落。或者，發覺自己跟名人、成功者比起來，眞是寒酸渺小得微不足道，就不免自怨自艾。但是這些都不是日常生活的常態。不滿和所有其他負面情緒的原因，其實不在於外部環境或他人，而是存在於自身。

人們的欲望總是無窮盡的，我們雖然拚命追求幸福滿足的人生，但是追求的心卻是毫無止盡的。原本確切渴望的事情一旦實現了，接著馬上就會有新的欲望出現。好不容易買了一間小公寓，現在就想要買自用車，然後接下來又開始夢想能住在有庭院的房子裡。我們總是認爲只要願望能實現，自己就會變得更快樂。不僅是財產和社會地位，就連對外表相貌、學歷經歷也都是如此，怎麼追求都永遠沒完沒了。但是，無論我們得到了什麼，還是會覺得自己不夠快樂幸福。這樣看起來，幸福似乎永遠只存在於未來，因爲我們放著自己在此時此地能獲得幸福的機會不管，白白讓它溜走了。

澳洲出身的佛教徒莎拉．娜塔莉（Sarah Napthali）*曾經說過：「即使沒有欲求和執著之心，並不意味著那是沒有努力也沒有希望的人生。我們在想要追求某個目標的時候（欲心）、爲了追求幸福而不得不吃盡苦頭的時候（執著），就開始痛苦了。因此，若無法順利達成希望，就會感到恐懼與挫折。」

這個道理在教養子女的時候，也同樣適用。我們在養育子女時，也對他們抱持著各種期待，不但要隨時注意不讓他們在成長時走偏了路，同時也對他們的未來懷抱著美好的夢想，例如：「孩子會走路的話」「孩子開始學說話的時候」「等他敢

*莎拉．娜塔莉是兩個孩子的母親，她在教養孩子的過程中實踐佛陀的教法，練習不煩不憂的照顧好自己與孩子。著有《寫給媽媽的佛法書》，橡樹林文化，二〇〇七年出版。

自己一個人睡覺的時候」……，我們的日子就會更美滿！

此外，也有其他更具體的期待：「我家的孩子一歲時就應該會走路」「兩歲左右就應該能聽懂比較複雜的語彙了」……

還有更多的父母，從子女小的時候就已經開始規劃他們將來的人生：

「我的孩子將來至少生活要過得比我好！」

「我打算把孩子培養成明星！」

「這個孩子一定要做個成功的球員，不然就要讓他唸到博士！」

夢想終歸是夢想，最後孩子長大了，父母的期待大部分也都跟著付諸東流。但是更深刻的問題在於：父母無法好好享受眼前實際擁有的時刻，卻爲了一些空泛的夢想而白費了許多時間。

釋迦牟尼說過，人最大的問題是對自己過分執著。人的自我總是不斷地去追求快樂、逃避痛苦，因此，我們得先捨棄自我，然後才能克服欲望和執著。很多人認爲這是不可能達成的理想，但是佛教的第三項眞諦將會證明：這絕對不是不可能的。

父母的欲望

史蒂文・李斯

「我的孩子小學畢業後（德國的小學是四年制），能否順利進入「文理中學」（Gymnasium，爲專門升大學而設的九年一貫制中學）呢？」

這是有小孩的德國父母最常擔心的事情。若主要學習科目不能全部保持「優等」，至少也要維持「甲等」以上，否則想要進入人文科系的好學校，希望就極為渺茫了。因此取得「優等」的課業競爭，早自小學二、三年級就已開始，八歲左右的小孩就得為了成績而競爭得頭破血流。

我仍清楚記得孩子在準備升學時，自己所體會到的矛盾情感。打從兩個兒子入學那天開始，我就理所當然地相信他們應該要進入文理中學，因為我心裡認為：「父母都有大學學歷，孩子當然至少也要唸到大學。若連大學都沒唸，就太丟臉了！」簡單的說，我也不過就是個虛榮的家長，跟其他父母一樣，太過於在意孩子的成績了。

但是另一方面，我們也希望能讓孩子在一個無憂無慮的環境中，快樂的度過童年，可是我們仍然沒辦法不去想像孩子的未來。因為若是進不了文理中學，就很難有機會唸大學了。

但是，曾幾何時，我開始發覺到自己對孩子的未來擔心得過多了。實際上，對我們任何人而言，連自己眼前的一切都還是未知數，那麼，為何要這麼早就開始計畫孩子數十年後的前途呢？

此外，我更領悟到另一件重要的事，那就是：我根本沒有考慮到孩子適合做什麼，就以自己的想法去規劃孩子的未來！

從痛苦中解脫是有可能的

第三項眞諦就是：「止息痛苦的境地，即爲開悟」之眞諦（滅諦）。將自己從痛苦中解脫出來，就是在開悟的境界中發生的。當我們從一切煩惱的束縛中解放出來、獲得自由時，痛苦就結束了。

從能夠直視自己而不逃避現實的那一刻起，我們就能領悟到眞諦，而愛與慈悲也充滿了我們的靈魂。任何人都能達到開悟的境地。佛教徒主要是通過冥想而達到開悟的境界。關於冥想的部分，會在第一百三十九頁「在日常生活中與孩子一起冥想」做比較詳細的介紹。

若想進一步了解什麼是開悟，可以閱讀其他書籍，或拜訪附近的寺廟。不過在這本書裡，我們想談的是隨時隨地都能練習的修行，而不需要把腳盤起來禪坐好幾天、甚至好幾個星期。我們想推薦的冥想訓練，可以在公園、住家、公車站、上班途中、去幼稚園的路上等，任何地方都可以輕易做到。

痛苦能夠永遠消失

第四項眞諦是「八正道是開悟（涅槃）的方法」（道諦），這項眞諦教導我們終止痛苦的方式。

因此，證悟需經過的是八條正確的道路，即「八正道」。八正道是：正見（正確的見解）、正思惟（正確的思想）、正語（正確的言詞）、正業（正確的行動）、正命（正確的生活）、正精進（正確的努力）、正念（正確的觀察）、正定（正確的精神集中）八項。

八正道是需要長年累月修習的課程。事實上，想要滅除痛苦，是需要做一輩子功課的，因此在這裡只先大致描述一下八正道的各個項目。

首先要能夠接受人生最赤裸裸的現實，認識到「人生不斷在發生變化，是不完全的」（正見）；接著，要下定決心克服自己心中否定的想法和感情（正思），爲此必須遵守一些道德性的原則，例如：不說謊話和壞話（正語）、不傷害他人、不做危害別人的事（正業），還要過正確的生活（正命）。此外，還有三項是關於精神修養的內容，也就是冥想的方法。

將人生眞諦應用在親子的日常生活中

那麼，父母要如何才能走上佛教所傳達的這條眞諦之道呢？還有，達賴喇嘛所說明的佛教原理，一般正在教養兒女的父母是否能夠理解呢？

我們相信兩個問題的答案都是肯定的。

爲何敢如此肯定呢？因爲父母和子女其實是一體的。孩子是一面鏡子，反映出父母的靈魂、思考、感情、意見、生活方式等內涵，因此父母和子女是唇齒相依的關係。當父母陷入困境時，子女也很辛苦；而當子女傷心難過的時候，父母的日子也不好過。因此，親子關係很容易就陷入惡性循環的泥沼中，無法自拔。

孩子不會按照大人的想法行動，但大人不能因此就選擇不去理解孩子的想法，因爲「不關心」就等於是嚴重的精神暴力。而且若用暴力對付孩子的偏差行爲，只會讓情況更加惡化。從打翻杯子裡的水、在牆壁上塗鴉這些小事的糾葛開始，逐漸擴大，最後發展成大聲斥責孩子的狀況。

爲了避免這類狀況發生，我們應該先認識眼前這個狀況的危險性，盡可能讓自己冷靜下來，用更從容的心情度過難關。當然，首先應該努力的是父母。若父母無法冷靜下來，連自己的立場都站不穩了，又如何要求孩子學習克服困難呢？

要解開這些糾葛，父母得先付出相當大的努力，而這樣做，無論對父母或對子女，都是非常有益的。當孩子知道父母能夠理解自己的狀況、而且是站在他的立場爲自己著想時，就會覺得安心。父母爲了理解孩子而努力的態度，能夠感染孩子，於是子女也能學會站在對方的立場去爲他人著想。

以佛法來育兒最大的好處，就是只要父母能以正念的心去注意觀察子女，而且立即就能在與子女共度的日常生活中運用，因此並不是特別辛苦、也不是什麼複雜的事情。只要偶爾用他人的角度來觀看自己的人生，就足夠了。而這裡所說的「從他人的角度來觀看」這個動作，是能經由學習而得到的。

指壓

愉快地接觸孩子

用下圖的姿勢抱著孩子，讓他知道，
他是一個很受家人、世人歡迎的存在。

坐在地板上，以輕鬆的姿勢背靠著牆壁或其他東西，雙腳稍微自然地彎起。
在這樣的姿勢下，讓寶寶躺在你的大腿上，親子互相面對。
以連接在拇指下面較厚、較柔軟手掌肉，輕壓按摩寶寶鎖骨下的部位，手掌放在上面持續大約一、兩分鐘。

指壓按摩是東方醫學的古老傳統之一，任何人都能輕易學會。指壓對嬰兒特別合適。嬰幼兒很喜歡肌膚接觸，且能經過肌膚相觸體會到父母給他的愛。

清楚自己在做什麼

不回顧過去，也不為思考未來而浪費時間。
過去已不復存在，未來也尚未到來。
人生存在於此時、此處。

——釋迦牟尼

隨時意識到身體的狀態和自己的感覺

「正念」本來就需要大量集中精神和注意力。莎拉．娜塔莉所說的「正念」，則是「意識清醒地注意自己身體的狀態、感情、感覺、思考、傾向等當下這一瞬間」。

可是，這到底爲什麼這麼重要？跟子女的教育又有何關聯呢？首先，仔細觀察自己的身體狀態。現在，肌肉是處於鬆弛的狀態嗎？還是緊繃的狀態？姿勢是否端正？身體是否扭曲？脈搏速度加快了嗎？還是變慢了呢？正在深呼吸嗎？還是呼吸急促呢？

當正確認識自己的身體狀態時，我們會領悟到：人際關係不順遂的原因，其實從來不在於孩子、先生、妻子或者親友等外在因素上，而是在我們的內在。爲何這麼說呢？因爲我們的狀態會受到身體律動的節奏影響。舉例來說，一夜熟睡後，精神飽滿地迎接早晨，即使孩子找點麻煩，我們也不會輕易動怒。但若自己也處在緊張、疲憊、空腹的狀態下，孩子又在搗蛋，我們立刻就會暴跳如雷了！

我們的想法和感情，會對身體造成決定性的影響。若跟孩子的相處出了問題，不單單是眉頭會皺起來，一些特定的肌肉也會收縮，甚至還會胃痛、呼吸不順。但是，只要意識到自己目前的狀況，就會有幫助，因爲這時候可以設法放鬆緊張的肌肉，深呼吸一口氣，安定自己紊亂的氣息。

「正念的狀態」並不僅限於對身體狀態的掌握，要理解自己的人生，就必須經過感覺器官，使知覺變得更加敏銳。

大部分人平常的感官都處於散漫的狀態，類似於「關機」。但是只要自己願意傾聽，就能夠聽到周遭微弱的聲音；同樣的，也能看清四周的景色，不漏掉每個細節。還有，冷得發抖、熱得流汗等身體的作用，也能有意識地感覺到，而聞到香氣的能力也會敏銳得多。

正念的時間——讓時間過得更有意義

史蒂文・李斯

平平出生之後，我忽然發現自己得費力地學習以全然不同的方式來運用時間。因為若非如此，我就會完全沒有自己的時間。但是我領悟到，沒有時間並不能怪罪於孩子，一切都是自己不對。

在此之前，我覺得時間都是一大把一大把的，可以分割成一個個區塊自由運用。我把每天的時間分成：上班工作的時間、與妻子相處的時間、自己處理日常雜務的時間，以及剩下的是在興趣、娛樂方面的時間。現在回想起來，在無意識中流逝的時間可真多啊！

例如，以前我覺得時間並不光是用來享樂的，還有上班工作、洗碗、打掃的時間，這些都是不得不做的。所以我在做一件事情的時候往往不能專注，總是一邊做一邊盤算著下一件事，以致無法完全集中在眼前應該全力以赴的事情上面。

但是現在我的態度完全改變了，無論做什麼，都當作是為自己而花的時間，集中心力去做。當我陪平平在公園玩耍時，想著這對我而言是很重要的親子時間，所以跟兒子在一起時，就要把注意力集中在平平正在做的事上。至於洗碗或做其他事情時也一樣，我現在對於眼前在做的事情，都會盡力集中所有的意識，全力以赴。

很多事情可能只是一些極瑣碎的小事，很容易被認為不需要集中精神就能完成，但是最大的重點正在這裡！例如，「我跟平平一起坐旋轉木馬」這件事，是令人驚異的事實，因為它正是「此時此刻此地」正在發生的事情。

我們只存在於現實當中，不需要在意過去和未來，只要完全集中在自己、自己的想法、感覺以及言語行動上即可。如此一來，就能以全然不同的方式體會到時間的存在。或許有人會懷疑跟孩子在沙坑玩沙，對自己到底有什麼意義呢？事實上，意義匪淺。

我的陪伴讓平平感到幸福快樂，單單這個理由，我的行動就有了充分的意義。正因為平平的快樂對我深具意義，因此我願意這樣度過這段時間。就這樣，我對時間有了全新的體驗。

指壓

以胎兒的姿勢獲得安全感

這個姿勢可以給自己帶來安全感，也能讓呼吸順暢，
同時還有療癒腰痛和肩膀酸痛的效果。

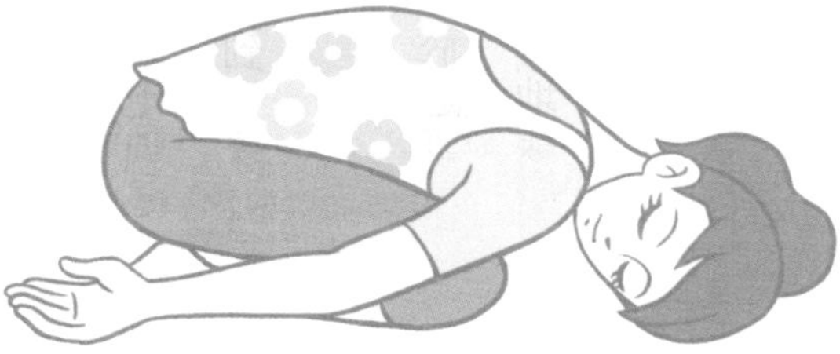

抱著膝蓋坐下。
以這樣的姿態，上身往前彎，直到頭碰到地，安全感就會擴展到全身。
在解除緊張狀態下，集中意識在全身，並一面吐納調息。

在瑜伽中，這個姿勢稱為「胎兒的姿勢」。

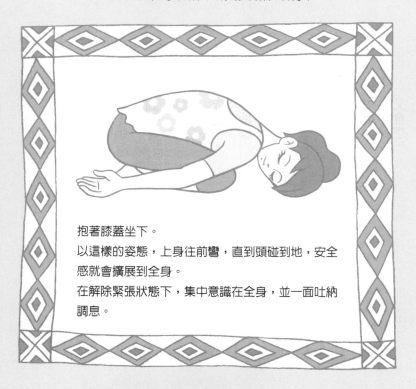

有意識地認知感情和思緒

我們必須把注意力傾注在自己的思考和感覺上，因爲若不如此，就會無法抑制習慣，而不斷重複同樣的思考模式、犯下同樣的錯誤。我們的思想就像不受約束的小狗或小猴子似的，到處走動個不停，一刻都靜不下來。剛才還在想昨天跟同事吵架的事情，一瞬間就跳到待會兒要去買什麼東西，下一個瞬間又想著明天要跟孩子一起做什麼。

但是，人生並不屬於過去或將來，而是只存在於此時、此刻、此地。

我們之所以要有意識地觀察自己的想法，還有另外一個理由是：無論什麼想法都會帶來一定的影響，即使是非常微小的念頭，也可能傷害到夫妻關係或子女的心情。本來沒什麼大不了的小事，可能發展成嚴重的大問題。

例如，每天工作到很晚，內心就出現想要好好休息的欲求，但是每當我們想休息時，孩子總是會來要求說：「陪我做什麼什麼……」

於是我們很自然地又會想：「只要能夠有一天不受孩子干擾的話……」我們在

上床睡覺前這樣想著，孩子似乎也感覺到了，半夜忽然驚醒大哭！這麼一來，我們就更疲憊、覺得更迫切需要有自己獨處的時間。

因爲晚上被吵醒，睡眠不足，第二天早晨身心都還很疲憊，又急著要送孩子去幼稚園，偏偏在這節骨眼上孩子還不肯自己穿衣服，我不由得變得神經質起來，強迫幫他把衣服穿上，情緒也狂飆得愈來愈無法控制。如果這時候開口罵孩子的話，一旦傷了孩子的心，就會嚴重到無法彌補。

當然，到了這個地步，還是可以跟孩子道歉、說明自己生氣的理由，但是，一切已經太遲了！所以，在念頭一開始出現時，就要有意識地認知到，並認眞的加以思索。

「只要一次就好，讓我一個人度過沒有孩子的周末！」有這種想法的父母，大多會立即強迫自己打消念頭：「現實一點吧！這是辦不到的！」很多人甚至責怪自己，「又不是養父繼母，怎能有這樣的想法呢？」但是，我們對於心中湧現出來的這些想法，不應該毫無條件地加以否定，反而需要更進一步詳加觀察。

「這是打從心底深處所渴望的嗎？或者是瞬間出現的短暫感情？爲什麼會如此

想望呢？要怎樣才能實現這個願望？如何跟配偶說明、跟孩子溝通？」

不需要去判斷、評價自己的感情，因爲我們心中的想法，本來就無法明確做出「這個正確、那個不正確」的分別。只是單純清楚地認清自己的思考，這件事本身就已經很重要，因爲只有這樣做，才能夠抑制並控制不好的思想和感情。當我們學會調整自己的情感，也就能夠承受子女或其他人的情感了。

關掉自己的開關

史蒂文・李斯

我們這些大人，從小到大都在學習要做有用的事、有意義的事、有效率的事……。

有一次，我為了強化孩子們的感覺，就唸書給他們聽。那是一本完全為孩子考量設計的書，當我唸完綿羊出現的情節之後，停下來想要離開一下，不料平平大叫說：「我還要聽！」

這一刻，就是我所要面對的，是在考驗我是否有正念的試鍊。我打算做點別的事情，但是孩子們是經由不斷的重複來學習的，所以不像大人那麼容易厭倦。我忘記了一點：許多對大人而言很無聊的事情，在孩子看來仍然十分新奇。

但是，這也沒什麼好擔心的。大人有時候也可以「把自己的開關關掉」。若你在跟孩子玩的時候，發現自己已經心不在焉了，不妨先休息一段時間。孩子偶爾也會想要自己一個人玩，而不是隨時都需要父母緊盯著他們，一刻也不能放鬆。

指壓

靜下心來

能讓瘋狂哭泣的孩子鎮靜下來、令人驚異的指壓法。

用拇指按壓孩子腳底的凹陷處，大約
一、二分鐘。
另一隻腳也以同樣的方式指壓。

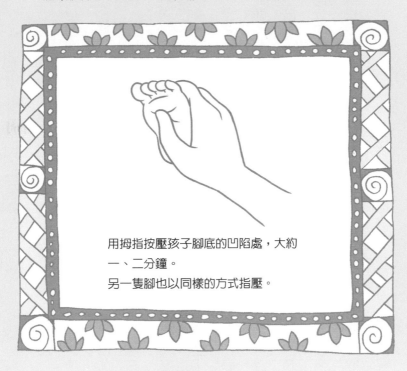

更進一步提升正念狀態的訓練

自己的內在以及周遭發生的一切事物，都可以用來提升正念狀態。這個練習不限任何情況、時間、場合，隨時隨地都可以做。例如，洗碗的時候，意識清醒地集中注意力，仔細觀察手的動作、感受水的溫度，直到擦完盤子、將碗盤收進架上的所有過程全部完成爲止。

在這個瞬間，沒有其他事比這件事更優先、更重要的了。即使只是洗碗這件事，也是當下這個時刻最重要、最值得付出關注的事情。打掃、整理房間、擦窗戶的時候也都一樣。

陪孩子玩耍時，更是個練習的好機會。在遊戲場、溜滑梯、沙坑等場所跟孩子一起玩的時候，有意識地感受腳下的沙是否柔軟、用手摸起來是什麼感覺，同時豎起耳朵有意識地傾聽周圍的蟲叫鳥鳴、車聲、孩子們玩遊戲的聲音；用正念的意識眺望附近玩具的顏色、感覺肌膚上空氣的流動、跟孩子一起舔的冰淇淋是什麼味道。跟孩子在一起的每個瞬間，都只有眼前這一次，日後已無法重現了！請仔細品味這樣的感覺。

然而，這只是一種理想，或許會跟現實狀況有些差距。因爲我們跟對方相處的時候，已經習慣了一些模式，恐怕不會隨時注意傾聽對方的言語、站在對方的立場設想。當然，即使如此，我們還是大概可以知道對方在想什麼、想要求些什麼，以致當我們面對小孩時，注意力常常不太集中。

其實在親子關係中，父母應該更用心傾聽子女的聲音、站在孩子的立場來思考、理解，並隨時確認自己在子女眼中的形象。因爲子女通常能夠很清楚地辨別父母是否眞的關心自己，或者只是眼睛看著自己、心裡卻在想別的事情。孩子們對於這件事，可以說像是特地架起一座高敏感度的接收器，專門用來衡量父母的態度！

親子一起在日常生活中實踐，維持正念的狀態

單單只是下定決心「從現在開始，隨時都要維持正念狀態！」，並不能解決所有問題。但是，就跟學習外文或運動一樣，維持正念狀態，也能經由學習而得到。

當然，這仍需要積極實踐的堅強意志力。

越南禪僧一行禪師曾如此說過：

「走路的時候，專心一致只管走路；坐著的時候，專心一致只管坐著；躺著的時候，專心一致只管躺著；無論什麼姿勢，就專心一致意識著那個姿勢。」

但只是意識到自己的姿勢仍嫌不足，我們對自己的呼吸、動作，以及所有的思考和情感，都要有所覺知。我們必須將意識集中在與自己有關的一切事物上，在從事身體活動或讀書等精神活動時，也要將意識集中於此。

在等待的時候、塞車被堵在途中時等等，這一段讓人覺得好像沒有意義的時間，若能有意識的去練習，就能引導出具有肯定性的正面狀況。在親子一起度過的日常生活中，正是練習並實踐正念狀態的好機會。

從下一頁開始，將介紹四個最具代表性的例子。

集中於身體與感覺上

史蒂文・李斯

我帶平平去公園玩時，若他爬上攀爬架或其他比較高的地方，我就會留心看著他，以防他摔下來。除此之外，只要他在不危險的地方玩，我就會獨自偷閒練習冥想或做「正念的訓練」。

首先，我將注意力集中在自己的身體上，專注地去感覺：脖子的肌肉是否緊繃？腰和腳現在是什麼狀態？在心裡感覺，從頭頂到腳趾尖，慢慢地將全身都審視一遍。這只需花幾分鐘時間就足夠了。

接著，將注意力放在一個特定的感官上。例如，若想集中在聽覺上，就要嘗試有意識地聆聽從遊戲場傳來的所有聲音：道路的聲音、兒童的聲音、或者風聲等等。

或者，如果要將意識集中在顏色上的話，就要特別注意觀察眼前玩具水桶的紅色、雨鞋的黃色、落葉的茶色或模樣等等。

認識負面情緒並學習承受

我也跟其他家長一樣，心情好、精神好、不覺得疲憊的時候，孩子就算惹出一些小麻煩，也不會輕易動怒；但若是在相反的狀況下，只要孩子發生一點芝麻蒜皮大的事情，就很容易忘記自己的自制力。

在這種時候，大部分人不是變得暴躁易怒，就是拚命地設法壓抑負面情緒。然而，這兩種應對方法其實都不太適當。因為生氣的話，只會讓情況更加惡化；而一味壓抑自己的憤怒，也總有火山爆發的一天。

因此當遇到這類情形時，我會盡量正確的分析自己的情緒。現在面對的是怎樣的情況？我為何會有這樣的感覺？當然，我並不是在對自己的情緒作判斷，而是如同前述，我們必須要先控制自己的情緒，對方才能夠控制住他的情緒。

接納孩子是一個獨立的生命體

在平平出生之前，我曾對孩子描繪過各種不同的形象。例如，我覺得孩子出生時應該猶如一張白紙，然後逐漸學習父母的行為。但我後來發現自己實在錯得離譜。

原來，平平有自己的主張和看法，也有自己的欲望和感情，是個全然具有獨立人格的個體。當然，平平的主張看法和欲望感情都跟我很類似，但那就如同別人也具有跟我類似的感情一樣。而我的兒子也擁有一些與生俱來的特質，那是跟我、妻子或其他人都不同的獨特部分。

舉例來說，妻子克蘿蒂亞和我都很喜歡游泳，所以一到夏天就想帶平平一起去游泳池玩水。但事實上到了泳池邊，想把平平帶下去游泳時才發現，無論用任何方法，他都不願意下水。平平的眼睛裡充滿了不安，即使來到游泳池旁邊，也絕對不肯走進水中。

於是我發覺，原本以為「自己喜歡的事物，孩子當然也會喜歡」的觀念，竟然是錯誤的。從此以後，我就盡力傾聽孩子說的話、觀察他們的行動、站在他們的立場去看事情，努力找出孩子們真正的期望。

尤其兩歲左右的孩子，更需要父母如此對待。因為雖然所有的孩子都會竭盡所能地表達自己的意思，但兩歲的孩子仍無法百分之百用言詞正確傳達自己的意思。這不單是詞彙不夠的問題，也是表達方式的問題。有時候孩子會說一些讓大人無法理解的話，令人聽得莫名奇妙。當我時常注意觀察平平的行為、站在他的立場來思考，就比較能理解他想要的到底是什麼。在那一瞬間，原本擔憂抑鬱的神情，從孩子的臉上一掃而空，換成了洋溢著歡喜的笑容。

嘗試換個角度看事情

在平平出生之前，我們的生活步調非常平穩。我也能運用所學得的一切行為準則，順利處理日常所發生的種種問題，以致某些方面的想法反而僵化成固定模式，讓我總是習慣用同樣的方式來處理事情。但是平平出生後，我遇到了空前未有的全新狀況，因而開始形成一些新的習慣。也就是說，因為有了孩子，我學會用全新的觀點來看周遭的事物。

例如，本來夫妻兩人可以優雅地吃頓飯的餐廳，若把平平帶去，可就天下大亂了！平平不肯乖乖坐在椅子上吃飯，一直在餐廳裡走來走去，讓我跟妻子無法一起享受用餐的樂趣。而且其他客人的視線也令我們坐立不安，只想趕快逃離餐廳。

但是，現在的我即使遇到這樣的狀況，也懂得設法從困難的局面中學到一些智慧。當我和妻子、平平以及其他客人陷入那樣的情況時，我會考量該如何應對比較好。其他客人的視線並不一定是不愉快的情緒，可能也藏著對孩子的寬容和愛心。或者，我乾脆放棄繼續享用餐點的企圖，跟著平平出去看他到底發現了什麼特別的東西。事實上，平平就曾經帶我去看他發現在公園噴水池底部沉積的東西。

當然，我不見得每次都能找到最妥適的對應方法，但只要有一點幽默感和忍耐力，就能學會從另一個角度來看孩子所掀起的麻煩狀態，這樣一來，問題至少能朝向改善的方向前進一點點。

以「正念的訓練」來節省時間、減輕壓力

這本書讀到這裡，應該有些讀者會持反對的意見。

一定有些人會有這樣的疑問：「我能理解你所說的這些道理，但在忙碌的生活中，哪裡有時間去做正念的訓練呢？」

只有父親或母親的單親家庭、擁有兩個孩子以上的家庭等等，單單日常的生活就已經很辛苦了，再加上還要兼顧工作和家庭，每天都累得喘不過氣來……。

即使很辛勤地工作，也不能每天三餐都在外面吃，加上還要採買、洗衣服、煮飯洗碗……，家事堆積如山，好像怎麼做都做不完。不僅如此，一下子這個孩子哭著要喝奶，他都還沒完喝，又得趕緊送另一個女兒上幼稚園。下班回家後，還得等孩子都睡著了再來解決一些迫在眉睫的瑣事，收拾散亂一地的東西。或者，還有生病的老爺爺、老奶奶要照顧也不一定。

這些人大概會反問我：說得難聽一點，在這樣的狀況下，怎麼可能去做「正念的訓練」呢？這應該是有錢有閒，可以請人來幫忙做家事，有大把大把的時間可以

揮霍的人，才做得到吧？像我們這樣，要忙的事情多得堆積如山，恨不得有三頭六臂能同時處理，又怎麼有時間去做「正念的練習」呢？

然而，即使只是一些單純的事情，只要能嘗試著集中精神、掌握全局去做，就能領悟到：以慣性的方式來處理事情，所遺漏的細節有多麼嚇人！一天只需花幾分鐘，就能得到這樣的領悟。就算要集中精神眞的很難，我們也可以在反覆練習當中，對時間產生新的體驗，發覺自己比以前更能承受壓力。

而且，「正念的練習」還能獲得其他的效果，即使遇到危險的情況或負面情緒湧上來時，也能在一開始就感知到，這樣一來，就算陷入危機當中，也能避免思緒混亂、無法解決問題的最糟情形。此外，我們還能夠慢慢的讓精神安定下來，只要自己的心理狀態維持穩定，發生突發狀況或心情惡劣的可能性就會降低。

若能經由這樣的訓練，對自己的想法和感情維持「正念的練習」，即使子女發生了什麼重大的問題，也能應付得比以前更游刃有餘。

從容的心

要學習割捨。能捨，是找到幸福的關鍵。

——釋迦牟尼

接受人生的各種觀點

擁有一顆從容的心，需要一些要素。一行禪師對於擁有從容的心所需要的兩個最重要的要素，做了以下的說明：

「從容的心是通過『不執著』和『無分別心』得來的，是一種具有整體性的內在平靜感情。所謂『不執著』，是指無論我們的欲求期待是否能夠滿足，感情都能不受影響。『無分別心』則是不對某件事情或他人的意見作是非判斷。因此，一顆從容的心就是『在能夠接受人生一切觀點的狀態下，以慈悲的心與每個人相處的能力』。但是，我們平常很難這樣跟別人相處，總是習慣輕率地作判斷，難以改變固定的行動模式和習氣。」

那麼，我們要如何才能學會接受人生的各種觀點呢？假如子女的心靈受到傷害，我們如何能平靜地接受？當妻子或丈夫要離開自己時，我們怎麼可能默默地讓他走？無故遭公司裁員時，我們就這樣承受既定的事實嗎？種種的疑問一定會浮上心頭。

然而所謂的接受，並不是指一味被動地忍耐。當然，只要是爲人父母者，都要盡一切能力保護孩子不受到傷害；爲人夫或爲人妻者，也應該多花一些時間陪伴另一半，好好經營夫妻關係；對於自己的工作，也同樣要盡最大的努力去執行。

因此到頭來，我們所說的接受就是：無論遇到多麼麻煩、多麼艱辛的狀況，都要盡量找尋最佳的解決途徑。爲了擁有從容的心，跟前一項所提到的「維持正念的狀態」一樣，需要寬廣和寬容的胸襟，而更重要的則是學習「能捨」。

學會等待

史蒂文・李斯

平平到公園玩時，一開始總會先去爬攀爬架。到餐廳吃飯時，則喜歡跑來跑去，做些讓其他客人皺眉的事情。不過有時候他也會注意到要配合其他人的心情，採取適當的行動。因此，以前我到了公園就會自動先往攀爬架走去，主要是怕孩子從上面摔下來受傷，那可就麻煩了。

但是，仔細回想過去的經驗：每次都是當我在旁邊準備保護平平的時候，他才會從攀爬架上摔下來；相反的，當他自己一個人玩的時候，就不會冒不必要的險。也就是說，當我很從容的放鬆心情時，比我緊張地在旁邊守護，更能夠真正為平平帶來幫助。

而當平平在餐廳、電車中跑來跑去時，若是以前的我，一定會立刻罵他，強迫他乖乖坐在椅子上，但是結果往往和我的期待相反，因為他想要活動的欲望被我強迫壓抑住了，反而使他變得更加暴躁，最後大聲哭了起來。若我採取相反的做法，一開始先讓平平到處走動，趁機找到能吸引他注意力的東西，這樣反而能讓他安靜下來。

當然，有時候這種做法會需要花費較多時間，而且也得承擔周遭人異樣的眼光。此時，我就會清楚地再次確定自己並沒有能力控制平平或其他任何人，我所能做到的，只是調整不同的欲求，預防將來可能發生的心理糾葛。要達到這樣的境界，仍然需要一顆從容的心。

學會放任（能捨）的方法

用「放任」這樣的辭彙很容易招來誤解，不過所謂的放任跟「不負責任」是非常不同的。這裡所說的放任是指「不強求對方滿足自己的欲求」，而且也表示要從已經固定、僵化的思考和行爲模式當中，捨棄壞習慣和沒用處的部分。爲了留下那些已經過去的瞬間而做的努力，永遠只會徒勞無功，因此要學習忍耐的方法，已經知道不可能的事情就不要去做。

這樣的方法很容易被錯誤地運用在兒童教育上。例如，因爲痛苦是人生不可避免的，因此就放任孩子什麼都不管。然而這樣的做法正如同前面所述，違背了佛教的道德倫理，不是正確的行動（正業），也不是正確的言語（正語）。放任（能捨）並不是完全不關心孩子，相反的，放任是教導我們：不要用父母的方式，而是要讓孩子有機會用自己的方式來看這個世界。當然，這樣的做法也不能太過度強調。

解放操心過度的自己

在親子關係中，放任方法的訓練並不僅僅意味著：讓孩子一面走自己的道路，一面累積經驗，學會用自己的眼睛正確地觀察這個世界而已。在這裡，我們也需要不停的鍛鍊自己，努力做個不過度操心的父母。

例如，不能因爲擔心孩子跌倒、怕他們受傷而妨礙他們想要活動的欲求，有時候父母也需要放手，把孩子一個人放著不管。同時父母也要學會放下，放心地把孩子交給幼稚園的老師或保母，這樣，孩子才有機會學習如何與他人相處。

當然，父母還是要隨時注意孩子的狀況：孩子在公園玩的時候，周圍是否夠安全、幼稚園的環境是否適合他、保母對他好不好……。日常生活中每個角落，都隱藏著一些危險。孩子會突然跑到馬路中間，也會拿著鐵絲在插座附近玩，遇到這樣的情形，父母可能覺得快要嚇到心臟痲痺了呢！當然，若遇到這些緊急狀況，與其被動等待自己的心恢復從容，不如主動出擊，立即採取行動。

別太快作判斷

即使如此，也千萬別以為孩子無時無刻都生活在危險當中。有時我們會認為「父母本來就應該為子女擔心」，所以一不小心就會依自己的經驗來判斷。但仔細想想，我們是用什麼標準來判斷好或不好呢？通常只要跟自己的想法不同、覺得不方便、太困難、或者跟一般人的常識不同，父母就會認為那是「不好」。

若為了防止一切被父母斷定是「不好」的事情發生，而阻擋孩子，就等於剝奪了對親子雙方都非常重要的共同發展的機會。即使是反面的失敗經驗，只要知道這是躲不開的，並學著去接受、積極地去應對，那麼也一定會變成正面的教訓。

相反的，對一般人認為是「好的」事情，父母也千萬不要以先入為主的觀念來判斷，而要站在客觀中立的立場觀察。這時候，你可能會發現到之前完全沒注意到的「不好」之存在。

當然，我們總是期望好的事情能一直持續下去，例如，孩子能乖乖睡覺、會用叉子和湯匙好好吃頓飯而不掉得滿地都是、學會說話且能順暢的表達意思，若孩子能做到，父母就會覺得好像以後都沒問題了！但是，我們若因此就覺得沒問題而感到滿足的話，下一個瞬間就一定會感到失望，因爲孩子可能馬上就拿起食物玩了起來，或半夜忽然醒來哭得驚天動地。

指壓

輕柔的按摩雙手，具有培養自信的效果

以如此簡便的按摩法，將重要的訊息傳達給孩子。

透過輕柔的撫摸接觸，可以讓孩子充分感受到父母的關愛。

一隻手掌朝上伸出，把孩子的手放在上面輕輕包起並握住他的手腕。

另一隻手的拇指在他的手掌心畫圓輕按後，用指尖依序按摩孩子的手指，接著用拇指和食指依序揉搓每根手指。

透過指壓按摩傳達父母的關愛之情，可培養孩子的自信心。

深思之後再反應

感情是很容易傳染的，當某一方懷抱著拒絕、不滿等否定的感情時，對方也一定會以同樣的感情來回應。孩子也是如此。父母必定有過因爲孩子的原因而生氣的經驗。遇到這樣的狀況時，可利用緩慢的深呼吸來消除內心激動的情緒，一定要不斷地提醒自己：只要自己先平靜下來，就不會對親子關係造成不良影響。

當怒氣攻心的時候，只要盡力壓抑住憤怒，思考「我爲何會這麼生氣」，就會得到許多收穫。但若毫無意識地隨著自己的情緒反應起舞，負面的感情就會更加擴大。千萬要銘記在心：儘管某種思想或感情一時之間掌控著你，儘管那股力量非常強大，也一定會隨著時間消失無蹤的。

在日常的親子生活中實踐從容的心

有些父母非常容易擔憂，一旦孩子可能發生危險，無論是多麼小的危險，都能立即感知並擔心不已。也有些父母的性格比較易怒、性急、暴躁易變，或者有些父母雖然希望能從容地與孩子相處，卻不清楚該怎麼做。

想要培養從容的心，當然需要花一點時間。即使下定決心從明天開始要更從容不迫地行動，也非一蹴可幾。在說話和採取行動之前，先給自己的心留一塊空間，也就是要先放任、不立即作判斷、先深呼吸，努力控制自己，讓自己能更從容不迫。從下一頁開始，就用一些具體的實例來看看什麼叫做從容的心。

從容不迫的第一個原理——不放任

史蒂文・李斯

有一次我太太克蘿蒂亞打電話給我：「我今天會很晚回來，請你做晚餐先跟平平一起吃，然後送他上床哄他睡覺。」接到電話時，我才剛剛走進家門，肚子也很餓。我跟平常一樣簡單地先跟平平打個招呼，就趕快讓保母離開，然後匆匆走進廚房準備煮義大利麵，因為前一天平平津津有味的吃了很多義大利麵。

這時候，平平大概是聽到廚房有聲響，本來在房間玩的他，忽然大聲地問：「媽媽？是媽媽嗎？」我回答說：「不是啦，是爸爸。爸爸在廚房準備晚餐喔。」可是平平聽了並不罷休，他跑進廚房來吵我還不夠，又開始到處去找媽媽。我看見平平無視於我的存在，一心只要找媽媽，心裡不太愉快，也覺得委屈：「我哪裡比不上媽媽了？」

我盡力安撫平平，想要讓他吃飯，可是他一點都不領情，還是吵個不停：「媽媽到哪裡去了？」找來找去找不到媽媽，就啜泣了起來。我一直設法要讓他吃飯，但一點效果都沒有，最後他把食物和叉子全都丟到地上，餐桌也馬上就被麵條和肉醬弄髒了。

起先我有點不知所措，後來逐漸對這個小暴君的行徑感到憤怒，忍不住朝平平吼叫：「媽媽會很晚回來，你先乖乖吃飯！」但兇他一點效果都沒有，平平反而哭得愈來愈大聲。我沒輒了，只好把他抱起來，帶到他的房間去。一進到房間，他就更生氣了，拿著玩具朝牆上丟，大聲地哭鬧吼叫：「爸爸是大笨蛋！」為什麼會陷入這樣的困境呢？我到底是哪裡做錯了？

我明明知道任何人都沒辦法控制別人、要讓他按照自己的意思行動，但卻無法接受這個事實，只是單方面地要求孩子按照我的想法去做。我根本沒去想平平到底想要什麼，就把義大利麵煮好塞給他，並希望自己也能坐下來好好吃頓晚餐。雖然平平已經連著好幾天都很高興的吃義大利麵，但並不表示他今天也想吃義大利麵，因此在準備晚餐前，我應該先問問他想吃什麼。要是我是拿出優酪乳和麵包給他，說不定情況會完全改觀。

或者，我進門後若能先到平平的房間陪他玩一會兒，別讓他因為媽媽不在而覺得寂寞，狀況一定也會好得多。就算兩個人坐上餐桌以後，我也還有很多挽回局面的機會，但是我在上桌時，心裡已經非常不滿了。

我覺得自己被迫幫忙做家事，而且我本來打算回家後還要處理一些事情，卻因為這樣的突發狀況而無法順利進行，所以心情變得十分惡劣。我其實應該立刻放棄原先的計畫，專心陪伴平平，把心思放在他身上，但是我沒能辦到，反而放任支離破碎的情況持續惡化下去，結果演變成嚴重的問題。

從容不迫的第二個原理——不遽下判斷

那天還有一個理由，讓我失去自制力，甚至發起脾氣來，因為我只站在自己的立場來看事情，因而作了很糟糕的判斷。因為平平只顧著找媽媽而不理我，而且昨天媽媽做的義大利麵他吃得很高興，今天我做的卻被他推開，所以我就火冒三丈。但是會發生這樣單純的錯誤判斷，完全是因為我只從自己的角度來做片面的解釋。

當媽媽在的時候，平平很安靜很乖，而他跟我在一起時卻不聽話，我覺得這是因為「平平比較喜歡媽媽」的關係，但是平平很可能只是想知道媽媽什麼時候回來而已。

平平雖然大聲吼叫地到處找媽媽，但在途中也曾聽到他一個人笑得很開心的聲音。對平平而言，找媽媽似乎只是個好玩的遊戲，所以那天他可能只是有什麼特殊理由想要找媽媽，或者只不過是單純因為肚子不餓而不想吃飯，然而因為我自己妄下判斷，結果不但不能解決問題，反而把事情弄得更僵。

從容不迫的第三個原理——調整呼吸

混亂的狀況過去了，也才不過二十分鐘以後，我和平平就在房間玩得很愉快。平平和我一起玩拼圖，也順便高高興興地把麵包吃下去，上床後沒多久就開始呼呼大睡。唉！要是我一開始就這樣做的話……

換句話說，我若一開始就先做個深呼吸，將眼前的狀況都照單全收，然後準備好麵包去房間跟平平一起玩的話，二十分鐘前的爭執和眼淚、誤解，都不會發生，兩個人也不會產生無謂的憤怒了。

當然，解開整個僵局的關鍵都在我手上，我應該先注意觀照自己的想法、情緒和行動，正確地掌握狀況，作正確的判斷去應對。因為年幼的平平還沒有學會控制自己，也還沒辦法順利地溝通自己的想法。

若我能夠採取正確的行動，我和平平之間的關係也會朝著更好的方向進展。這樣的道理也適用在其他的人際關係上。站在對方的立場來感受、維持平靜從容的心，若事先能預防糾葛產生，任何問題都能縮減到最低限度。

從容的心與業

重視心靈的平靜從容，脫離情感的支配，是人生幸福的先決條件。釋迦牟尼曾如此說：「我們的想法其實就是我們自己，自己的一切都是從念頭中產生的。我們在想法中創造了這個世界。」

這就是「業」的概念。「業」與無法輕易改變的命運相關。換句話說，我們將來會變成怎樣的人、人生會獲得怎樣的成功、會經驗到怎樣的不幸或勝利等等，都受到宇宙某種力量的牽引，也都已經被決定了。

但是原先，釋迦牟尼所說的「業」並不是這個意思。達賴喇嘛認爲應該將「業」解釋爲「行爲」。達賴喇嘛所說的「業」，並不是被動接受的關係，也不是無法改變的命運，他說「業」是一種極爲主動的行爲過程。

「業」或者「行爲」，是行爲的人（也就是自己）過去所採取的行動，帶來了某種結果，而這個結果又誘發出其他行動，影響到自己的人生和人際關係。因此，我們的未來，相當大的部分都是現在生存中的自己所決定的。自己的一切行爲，即使再細微、看起來再沒有意義，也會對未來造成影響。

你的思想就是你自己

若想得更深入一點，就必須從另一個角度來理解「業」的概念：「我們心中所有的思想，會爲自己和他人的人生帶來什麼樣的影響？」換句話說，與其說「業」是行爲的問題，毋寧說更接近心靈的問題。理解「業」其實並不困難，簡單地說，某個經驗會產生某種想法和感情，而這個想法和感情又反映在行爲上。

某種特定的行爲若不斷重複許多次，很可能會固定而成爲慢性的習慣，習慣又形成性格，性格則決定人生。因此也可以這麼說：一些細微的想法和思考，在經過幾個星期、幾個月、幾年的歲月之後，形成一種固定的性格。但是，大多數人並沒有意識到這一點。我們完全不知道自己的性格是如何形成的，因此也不知道該如何改變自己的性格。

因爲有上面這些理由，佛教的僧侶們在說明現在的狀態時，會勸對方先回顧自己的過去。因爲自己一切的思考和行動，都是在顯現過去行動的結果。所有的人、一切行爲、每一件事物，都是互相關聯的。我們的所有行爲，都會成爲牽連出其他行爲的原因，而這些行爲集合起來，就形成了「我」。我以某種特定方式回應的次數愈多，下次也以同樣方式對應的可能性就愈高。

現代西洋醫學研究腦科學的成果，證明了東方的古老智慧是多麼的正確。因爲我們的某種特定行爲模式，會使腦中特定部位的腦神經細胞互相連結，而我們重複某種行爲或思考的次數愈多，這種神經細胞連結的網絡也會變得愈堅固。換句話說，每次以同樣方式回應的話，下次也作同樣反應的可能性就會變高，最後逐漸成爲一種牢不可破的條件反射。

指壓

入眠熟睡

小孩子偶爾會在半夜驚醒、大聲哭泣，

這時要盡快讓他們平靜下來，幫助他們重新入眠熟睡。

讓孩子仰躺著，以豐沛的感情對孩子說話。
以拇指和食指輕輕捏著孩子的鼻樑。
這時候請注意別嚇到孩子。
另一隻手輕輕地以順時鐘方向撫摸按摩孩子的肚子。

若發現孩子的肚子有脹氣的情形，輕柔地按摩下腹部會很有效果。

業是可以扭轉的

安娜・芭蓓蔻爾

每天早晨都像是一場戰爭。先要費盡九牛二虎之力把兩個兒子從床上挖起來，然後匆匆忙忙地把他們的肚子填飽。這時候，桌上已經髒得讓人無從下手收拾了。從角落拉出背包、找出他們的鞋子，好不容易把兩個男孩送出門，回頭再看看家裡，留下的是彷彿打了一場大戰後的殘局，而我根本沒時間收拾。因此早晨我總是會變得十分神經質，一邊催促孩子們趕快行動，一邊高聲大吼：「快點、趕快啦！要遲到了喔！」

我心裡也很清楚自己實在太焦急，我在持續緊張的狀態下開車去上班，途中雖然努力想要消除心中那股一直支配著我的負面情緒，但是只要前面的車子動作稍微慢一點，髒話就會自動從我口中飛快飆出。

有很長一段時間，我們家的早晨都是這樣悲慘的狀況。早上一睜開眼睛，就感覺到又是悽慘一天的開始。連我自己都很清楚，我真是個既神經質又尖銳的母親！

連自己都這樣想了，當然，翌日早晨也跟之前的每一天一樣毫無改變，在家人的心目中，我的性格本來就是很沒耐心又暴躁易怒。而且最重要的一點是，我自己也沒下定決心要積極去改變，因為我覺得無論做什麼，性格都是無法改變的。

換句話說，是我對自己的看法和行為，把家人和自己變成現在這個樣子的，至少在早上最忙碌的這個時段是如此。而且我在這樣的生活中，找不到心靈的寂靜和幸福。但是，自從我發覺到自己的狀態後，就開始設法改變心態。即使孩子少了一隻鞋子，或者根本沒帶東西而空著手到學校去，我也盡量不去介意。早餐時間，我安靜地坐在餐桌旁看報紙，對周圍的噪音一概充耳不聞。

我從容地享受咖啡的香氣，同時準備一些三明治，讓孩子們在學校肚子餓時可以墊墊肚子。僅僅是這樣一點小改變，我的生活就完全改觀，日子變得快樂多了。

經過這樣小小的改變，就扭轉了「我是個沒耐心又暴躁易怒的母親」這個「業」。當然，我悉心照顧孩子的心還是跟以前一樣沒有改變，但是我已經不再焦慮、不再慌亂。早上來不及吃早餐的孩子，若到了學校才發現自己肚子餓，也能吃到我為他們準備的三明治。

改變反應模式

這個經驗僅是其中一個例子，讓人看見我們是如何在決定自己的命運和現在的模樣。雖然我們無法改變過去，也不知道將來會發生什麼事，但是我們能夠改變自己的現在。站在這個觀點上來看，我們的「正念」不僅對自己的將來很重要，對孩子的未來也扮演舉足輕重的角色。

我們對自己在某種狀況下所抱持的感情，必須能夠以正念的意識來觀察。若想改變內在的性格和態度，就要維持正念的狀態，連一點細微的小事、幾乎無法察覺的情緒或心情的變化，都要全神貫注地集中注意力去觀察。

若不能正確地認知自己的負面情感和想法是如何發生的，又讓怒氣控制我們，繼續任由情緒失控而表現在行爲上，那麼無論過了多久，我們仍然是被那些想法、感情和氣氛所支配的存在，永遠無法脫離。這樣的話，心境就只能一直沉淪到混沌的糾葛當中，結果，我們整個人生就會喪失平穩調和。

溫柔的能量

家庭中的親密氣氛，是人一生中最堅固而無法動搖的基礎。

——達賴喇嘛

面對孩子的叛逆

所有的父母都希望家人能和睦相處，家庭能夠永遠和協、溫暖又充滿愛。但是許多時候這些正面的情感，總是會被日常生活中的擔憂、恐懼、緊張、糾葛、壓力等問題打亂、消散一空。而且，因爲成長中的孩子全身上下都充滿活力，能量多得用不完，有時候眞的很難溫柔親切地對待他們。

實際上，我們是否只在孩子乖乖聽話時，才對他們比較溫柔親切呢？問題是，對開始進入青少年的孩子而言，不乖乖聽話的時間可能遠比聽話的時候多。

尤其開始進入叛逆期時，父母每天不知道要爲孩子的事情生多少次氣。按照心理專家的說法，處於叛逆期的孩子，因爲無法順利表現自己而感到挫折、對自己不滿、一肚子火，可能還會用大聲哭泣來代替言詞，表達抗議；當孩子的精神不太穩定或疲倦不堪時，若無法順利將訊息傳達給父母，就只能用高分貝的音量或粗暴的行動來表現。

例如，堆積木的遊戲玩膩了，就開始拿著積木往地上亂丟。小孩子還不全然明白爲何不能碰音響，或者爲什麼不能拉開抽屜看看，而且也還不知道自己的意見什麼時候能被接納、什麼時候又會被拒絕。孩子常會不明所以地被恐懼侵襲，卻看不出恐懼的本體是什麼，那麼要向父母解釋自己恐懼的理由，就更加困難了。

即使狀況對孩子如此不利，他仍想辦法用盡手段將「現在我心情很不好」這個訊息傳達出去。對孩子而言，如何正確地表達自己的感情，不僅是眼前的重要課題，對他的將來也非常重要。因爲在人生這條漫漫長路上，孩子首先得知道自己想要的是什麼，這是非常重要的事情。

父母對孩子理性的愛

站在父母的立場來看，孩子發脾氣，有時眞的非常難以應付。父母一開始不明究理，常常無法掌握孩子生氣的理由，以致無所適從，不知如何正確的處理而備感挫折，然後又因自己的無力而對自己生氣。

尤其如果孩子在公共場合胡鬧的話，常讓父母如坐針氈，不知所措。面對脹紅著小臉、吵著「我要吃巧克力」而放聲大哭的孩子，想要順利把他從超市帶出來，可不是件容易的事情。有時候小孩子連一刻鐘都靜不下來，大人講的話也完全聽不進去，如此讓人束手無策的經驗，每個父母一定都經歷過吧？

但是，父母愈是遇到難以應付的狀況，就愈需要以親切的態度面對孩子。美國的心理學者喬．卡巴金曾經如此說明：

「無論孩子的年齡大小，都能感受到自己被父母全心全意接受的事實。而在感受到父母的愛時，他會知道，『並不是只有我乖乖聽話時，父母才愛我；即使在我反抗、讓父母傷心的時候，他們依然愛我』，並以這份愛作為養分，不斷的成長茁壯。通過愛的傳遞，孩子就能成長為一個身心平衡的人，而且獲得完全的自由。」

當然，這段話並不意味著父母應該不顧對錯地容忍孩子所有的要求，把他教養成一個自私自利、任性的暴君。父母當然不可能實現孩子所有的願望，即使有能力做到，這樣對他也沒有好處。孩子有其不應該超越的界線，以及應該遵守的規則，他必須懂得這樣的道理。

問題在於父母所使用的方法：該禁止的就要禁止、不能做的就是不能做。為此，有時候父母必須採取某些措施：沒收他的東西、把他關在房間裡不准出來……，這些做法在某些情形下是必要的。但同時父母也要懇切地向孩子說明，這些措施並不是要用來否定他的人格。

孩子必須痛切地體會到，哪些行爲是父母所不容許的，即使在當下會覺得很痛苦，但只要確實知道自己仍是父母的最愛，他們就會願意去努力。

以溫柔的心賦予彼此能量

史蒂文・李斯

偶爾也會有一整天都很順利的時候。某次，因為平平半夜沒起來哭鬧，一覺熟睡到天亮，我和妻子也能好好睡個飽覺。第二天早晨跟平常完全不同，無論換尿片的時候也好、穿衣服的時候也好，孩子都沒找任何一點麻煩。平平早餐的可可牛奶，居然連一滴都沒灑出來地喝個精光。我們家三人都只看到對方好的一面，而能夠心滿意足地開始一整天的生活。

有時候我們能在這樣的氣氛中順利度過一天，這一天我們都沒生氣或心情不愉快，平平也沒有無理取鬧。像這樣的日子，真的讓我們覺得整顆心都舒暢得像被解放了似的。當然，事實上也是如此，我們脫離了之前每天都在上演的辛勞和擔心的戲碼。我把這樣的美好時光當作充電期，在運氣沒那麼好、事情沒那麼順利的時候，拿出來回味。

不可避免的，也有情況完全相反的日子：我們三個人都睡過頭，起床時心情焦慮不堪，一大早就開始起摩擦。但即使是這樣的時候，我們也試著互相以親切溫柔的態度對待彼此。唯有如此，我們才能夠得到心境的從容與平和。

別責備自己！

我們在生活中爲了達到正念、從容的心，以及親切的目標而努力。但是，有時候也會失敗。這不僅是在親子的日常生活中，在其他人際關係中也是一樣。不過當我們嘗試用從容的心去解決問題、設法解開各種糾葛，在反覆不斷努力的過程中，會發現自己發脾氣、緊張不快的狀況正在逐漸減少。

可能某一天，在市區狹窄擁擠的路邊，好不容易找到一個珍貴的停車位，剛要停進去，就被旁邊的車搶先鑽進去了。若遇到這樣的事，我也會惱怒地大按喇叭以示抗議。或者在跟自己的妻子、丈夫講電話時，竟然爲了一些芝麻蒜皮的小事而發怒、吼叫……，類似這些事情仍然會發生。

但即使是這樣的狀況，我們也必須接受。雖然可能很困難，但仍要培養能夠忍耐的心。我們不僅需要對他人忍耐，也得對自己更有耐心，因爲我們總是傾向對自己要求嚴苛，爲自己設定較高的標準，也會把自己的問題看得特別嚴重。

「啊！又失敗了！當初不應該這樣做！」我們如此自責，對事情一點幫助也沒有。即使我們沒有達到自己期待的水準，也不必絕望悲觀。對自己抱持過高的期待和太嚴厲的批判，都會留下深刻的後遺症。

因此，我們不僅要對別人溫柔，更要對自己溫柔。最好的方法就是拿出自己從容的心、最單純的想法來應對。無論事情看起來多麼困難、多麼不可能辦到，只要稍微退後一點，讓出一些空間，就能夠微笑著去面對。

手指瑜伽

放開心情、感受自信的手印

這個動作能夠緩和緊張的情緒，讓你能以勇氣和自信、開放的胸襟與人相處。在結手印（以手和指頭結手印，有各種不同的形式，表示神或宇宙等意義）時，要放鬆手指的力量，以纖細的感受去體會。雙手都要在放鬆的狀態下進行。

左手貼在胸前，這時候手心向外、手指彎曲。
以右手抓住左手。這時，右手的手指背部朝向外側。
兩手在心臟的高度上靠在胸前。
一邊吐氣，一邊用力在兩手手腕上向左右拉。注意別讓兩手分離。這時，上腕部和胸部的肌肉會緊繃。
接著，一邊吸氣，一邊放鬆雙手肌肉。這樣的動作重複六次。
雙手仍維持原來的狀態，放在胸骨的部位上感受身體的狀況。
接著將左右兩手的上下位置對調，重複同樣的動作。
以右手手心向外的姿勢，左手抓住右手向右邊拉，這樣重複六次，同樣也去感受身體的狀態。

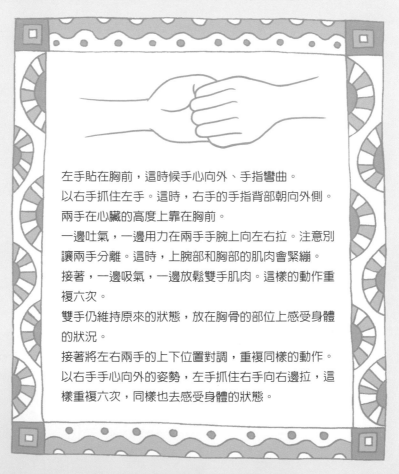

呼吸療法

以三十六次深呼吸
讓日常生活獲取大量助力

東方的能量呼吸法能夠獲得新的能量，
並具有安定精神的效果。

以放鬆的姿勢坐在椅子上。像要吐出一切不平不滿的情緒似的，慢慢地吐出長長的一口氣。此時，可以感覺到累積在體內的緊張也獲得解放。
肩膀放輕鬆向下垂，胸部、腹部、大腿、小腿、腳的緊張感也逐漸解除。
緩慢地深深吐氣，仔細體會整個過程中身體充滿能量的感覺。
重複三十六次同樣的深呼吸。

若覺得三十六次深呼吸很難一次做到，可以分成一天四次，每次各做九次同樣的動作。

道路本身就是目標

史蒂文・李斯

到目前為止兩年了，我一路陪著平平、看著他長大，偶爾會發覺他正逐漸成長為一個具有獨立人格的個體，但是下一瞬間，他可能又會變回嬰兒的模樣。畢竟，他仍是一個需要父母毫無保留的關心和保護才能活下去的稚弱孩子。父母不但能夠幫助孩子成長，相反的，也可能有些無謂的行動反而會妨礙孩子成長。

這一點在面對妻子、父母、朋友、甚至世界上所有其他人時，都是一樣的。我的態度愈不親切、愈漠不關心，所引起的問題和爭執就愈多，這樣對自己所處的狀況一點幫助都沒有！當然，在面對自己時，也完全相同。為了能和諧的生活在世界上，不但對知己，連對背叛我的人，都應該以溫和的態度來應對。

聽我這麼一說，很多人會以為我好像已經大徹大悟，能夠隨時注意所有人的需求，而且能保持從容平靜的心，以親切的態度對待所有人。我要是真能達到這樣的境界，就太令人高興了。可惜我還是一樣忍不住會對孩子大聲吼叫，會在路上發脾氣、猛按喇叭抗議，也會對不滿意的同事惡言相向，甚至有時候還因為對未來的不安而擔心得睡不著。若平平黏著媽媽而不肯靠近我，我就會覺得苦惱，連懂得如何安撫他的母親給我的善意勸告，聽了都會發火。

但是，在我下定決心開始努力在對待自己和他人的態度上，維持正念的狀態之後，情緒上爆發極端反應的情形的確減少了，自制力也比以前增強。一旦感覺到負面情緒出現時，也能很快地看穿事實而趁早打消。因此，雖然還並不十分完美，但我確實感覺到自己正一步一步在朝前邁進。

以正念的心維持從容，同時盡可能多去實踐溫和的行為，摸索這樣的生活方式，就像是個沒有終點的旅程。用比較古老的說法來表示的話，走在這條道路上的這段旅途本身，就是旅行的目的。

我們的心靈可能還無法達到絕對穩定的狀態，距離宇宙與自我的調和，或許也還很遙遠，但是只要朝著這個目標，每天一點一點地進步，我們的快樂幸福，也一定會同樣不斷地增加下去的。

慈悲心

所有人的心裡都藏著一顆完整的種子。
我們需要慈悲心，才能喚醒蘊藏在心裡和精神中深層的潛力。

——達賴喇嘛

達賴喇嘛所說的慈悲心，是指不用暴力、不加害他人、不具攻擊性的精神狀態。慈悲心是以祈願他人能夠脫離痛苦的心爲基礎，是一種精神上的態度。伴隨著這樣的慈悲心而來的，還有責任感與對他人的尊重，同時也包含期許自己心生善念的心願。

達賴喇嘛也警告我們，千萬別把慈悲心和執著心混淆。他教導我們如何分辨自己所懷抱的是慈悲心，還是執著心：

「我們懷抱著愛心，同時也以慈悲心努力設法理解對方的痛苦。但是，我們愛別人的眞正理由，很可能是因爲希望對方能回應我們的感情。而且，我們也想要控制對方，要他照著我們的意思去做。於是，當對方的行爲發生變化時，例如，對方因心情不好而生氣、發生爭執時，我們便會感到非常灰心，而慈悲心也變成了憤怒。這樣的慈悲心，其實只能算是執著心而已。」

佛教眞正的慈悲心

佛教所謂眞正的慈悲心，是不會隨他人行爲而改變的。眞正的慈悲心是基於一種同理心，希望其他人都能跟我們一樣，從痛苦中解脫，並且得到幸福快樂。天下所有的人就如同我們一樣，都具有與生俱來的權利，也渴望有機會能實現自己的願望。唯有站在平等的立場認清人們的共同點，才能產生眞正的慈悲心和親密感。

慈悲心是能脫離自己的欲求，並對他人的欲求敞開心胸，也就是要能以沒有偏見的心去感知他人的痛苦。達賴喇嘛在《快樂》（*The Art of Happiness*）一書中，對慈悲心的定義，作了以下的說明：

「看見其他生物受苦時，例如看見一條魚掛在魚鉤上痛苦的扭動，我們會覺得魚很可憐。這樣的慈悲心，並不是因爲我們對這個動物產生了特別的感情，而是因爲牠感覺到痛苦，而我們因爲認爲牠有權不經歷這樣的痛苦，而感受到牠的痛苦。這樣的慈悲心跟欲求、執著沒有關係，而是具有恆久性的慈悲心。」

在親子的日常生活中一起實踐慈悲心

看到孩子從鞦韆上摔下來撞到頭、或者跌倒覺得很痛，父母當然會感同身受，跟孩子一起承受痛苦，慈悲心也油然而生。但是若孩子生氣胡鬧、哭泣頓足，換句話說，就是當孩子和父母的利害關係發生衝突時，我們就很難產生慈悲心了。

但是，慈悲心應該要能夠適用於任何狀況。眞正具有慈悲心的人，不是只有在理所當然的情況下才會生起慈悲心。眞正的慈悲心是一種無論在任何場合、任何狀況下，都要能夠發揮的普遍態度。

達賴喇嘛告訴我們：愈能夠理解他人的痛苦，我們的慈悲心就愈大。所謂的慈悲心是，對他人的痛苦和問題敞開心胸。當別人處於困難的情況時，我們不是要考慮其原因或結果會對我們造成什麼影響，而只是將關心傾注於他的困難本身。慈悲心就是如此，會爲彼此帶來深遠的連結。當親子之間發生種種問題時，也是同樣的道理。

如何做到隨時以慈悲心來對待孩子呢？我們應該站在孩子的角度，而不是以自己的觀點來思考事情。拋開先入爲主的觀念，站在孩子的立場來理解：現在，孩子的內心發生了什麼事？這個瞬間，他所感覺到的又是什麼？孩子到底感受到什麼，讓他哭得如此傷心？孩子究竟有多憤怒？是多麼大的傷痛，讓他如此放聲哭泣、搥胸頓足？

當孩子痛苦的時候，父母若能對他的情緒感同身受，孩子就會對這個世界和父母重拾信心，也能擁有正確的信賴感。對父母而言，這時候也是了解自己的好時機，因爲慈悲心應該要能夠普遍地適用於所有狀況。我們要訓練自己能隨時懷抱慈悲心，即使發生問題時，也不侷限於自己的觀點，站在孩子的立場，與他一起感受他的情緒。

喬·卡巴金醫師曾經說過：「我們若能正確分析自己因負面情緒所引起的憤怒，就可以改變每次重複上演的行爲模式，成爲能與子女一起感受情緒的父母。這樣，我們也就眞正能夠成爲孩子的助力，提供孩子莫大的幫助。」

我們必須體悟到：與孩子發生衝突時，問題在於我們，而非孩子。我們與孩子起爭執時，總是想要贏過他；當發生問題時，也總是以同樣的行爲模式來回應，將自私自利的感情直接傳達給孩子。但是，即使我們在不知所措的嚴重狀態下，若仍能以眞正的慈悲心來對待自己和孩子，就能告別之前習以爲常的態度。只要父母願意站在孩子的觀點看待事情，就會幫助我們作出正確的判斷。

手指瑜伽

培養決斷力的手印

這個訓練能夠提振活力，在消除緊張和疲憊的同時，也具有提升精神決斷力的效果。在進行結手印的動作時，手指要一直維持輕度的加壓，兩手放輕鬆。

兩手的拇指和無名指、小指的指尖集中相觸，其餘手指伸直。

維持這樣的狀態約五分鐘。若能持續更長時間的話也不要緊。

當哄孩子哄累了、或必須跟無理取鬧的兩歲小鬼纏鬥時，這個動作都非常有效。

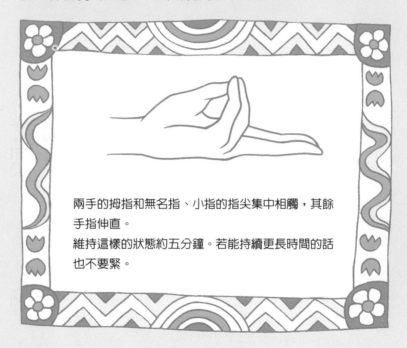

按摩法

當孩子鬧脾氣時，溫柔地用手輕撫

有時候孩子會毫無理由地哭鬧不休，這時，可以如圖示般溫柔地用手掌輕撫孩子，幫助他平撫情緒。

一隻手橫放在孩子胸前，輕輕朝下腹部按摩著滑下去，這時候另一隻手放在胸部下面。
一隻手滑到下腹部後要放開之前，另一隻手就開始向下按摩腹部。如此兩手交替向下滑按摩腹部，柔順地進行交替動作。
之後，輕輕讓孩子改成趴臥，一隻手從背部向下按摩到臀部。同樣的，在這隻手離開之前，另一隻手就跟上，以同樣的方式按摩孩子的背部。然後，重複這樣的交互動作。

使用這種按摩法時，若孩子的狀況獲得改善，就可以持續；否則就應該考慮可能是別的問題，這時就要停止按摩。

用別人的眼睛來觀察

在遭遇到困難時，站在第三者或孩子的立場來考量：「若換作是我，會怎麼處理呢？」這樣的訓練對實際生活很有幫助。此外，在這樣的情況下也應該試著去思考：「如果換作是我，會希望對方怎麼做？」即使無法擁有跟對方完全相同的體驗，但只要運用一點想像力，站在第三者的立場思考，絕對不困難。

請試著想像一下：指責孩子缺點的老師立場、晚上要求我加班的上司立場、連續三次搶走兒子手上的球的小孩立場……，暫時抽離自己的角度一會兒，站在他們的立場來整理一下自己的思維。

擁有一顆尊重他人的心，在處理人際關係中所發生的一切摩擦和問題時，佔了極為重要的角色。對別人感同身受，是尊重人類基本價值的生命歷程中，極為重要的要素。達賴喇嘛對人類的基本價值，曾表示過這樣的想法：

「人性的善良，做一個善良親切的人，以愛心、正直和誠實的心與他人相處，以及慈悲的心，這些就是人類的基本價值。」

手指瑜伽

提升安定感的手印

這項簡單的訓練能夠提升內在精神安定的持久力，
培養自信心。

兩手拇指和無名指的指尖相碰觸，其他手指則伸直。
每天練習三次，每次持續數分鐘。

父母在照顧子女時，每天的日子過得飛快。這項訓練可以在清洗了堆積如山的髒衣服、或整理了滿地的玩具之後，幫助你放鬆疲憊不堪的心情。

回顧自己的經驗

有時候，我們可以回顧一下自己在人生中所擔任的各種角色，以及自己過去曾扮演過什麼角色。父母可以回想一下，自己小時候對父母曾有過什麼期望。回顧小時候的記憶，大概只需花幾分鐘時間吧。

大部分的人都期待家人能無條件地付出關愛，愈是遇到困難的狀況，愈是迫切需要家人的愛。小時候不曾受到家人理解和尊重的人，長大後心裡可能還留著當時傷痛的痕跡。但若能培養正確的慈悲心，即使自己不曾接受過充足的愛，也依然有能力付出滿滿的愛。

在日常生活中與孩子一起冥想

幸福來自心境的平和，因此要學習如何找出方法。

——釋迦牟尼

「一般而言，冥想的訓練要耗費數日、數週、甚至數個月的時間。」這是喬・卡巴金醫師在他與妻子蜜拉共同執筆的書《每日的祝福》（*Everyday Blessings*）中所寫的話。這對夫妻在回想他們養育三個孩子的經歷時說：「以養兒育女的情形來說，訓練時間長達十八年，而且是每個孩子分別計算。」

教養子女的生活，到底能不能算是冥想的時間呢？有了孩子以後，日常生活會變得非常辛苦，經常睡不飽，只要想到孩子所引起的種種問題而把家裡搞得烏煙瘴氣，就會覺得「跟孩子一起度過的每一天，都是冥想的時間」這樣的話，簡直滑稽可笑極了。但事實上，這確實是非常貼近眞實的言語。

重視每一個瞬間

卡巴金和蜜拉依照佛教的教義來教養孩子，其中最優先的就是「愛」。當然，世界上所有的父母都深愛著自己的孩子，但是佛教所說的愛，可以解釋爲：超越單純的感情領域，重視與孩子相處的每一個瞬間的人生態度。

這並不指要去判斷眼前這一瞬間是好還是壞，而是要有意識地度過每一個瞬間。如此一來，就能感受到父母和子女共享的時間，每一刻都充滿了愛。不僅是看著孩子熟睡的臉龐時如此，即使是孩子無理取鬧的哭個不停時，父母也能以溫柔的眼神仔細看著他。我們要能夠在人生的每個瞬間，實踐佛陀的教誨。這樣的瞬間也就是小小的冥想時間。

可能有些父母會反問：「我知道你想表達的意思，但你會不會把事情想得太單純了？」的確，這話說得一點也沒錯。剛開始的時候，確實很難實踐。要從頭到尾維持如此超脫的態度，是何其困難啊！但至少我們能夠設法排除自我的判斷，逐漸增加我們集中在當下與孩子身上的時間。現在，當下這個瞬間，就是我們能以完全且從容的心，獲得的和平與親密的時刻。

全神貫注在當下這一瞬間

澳洲佛教徒莎拉·娜塔莉曾經說過：「請靜下來想想看，你的心在未來嗎？還是在過去？我們應該意識到，讓自己的心好好地停留在當下，需要多大的努力啊！」

剛開始我們或許會覺得，「讓自己的心停留在當下」根本不可能實現，看來一切的努力似乎都是白費，所感受到的只有挫折而已。但是經過一段時間的努力後，情況會逐漸改觀。在日常生活中只要有一點空檔，就趕快思考這一個問題：自己的心現在到底在哪裡，並且努力全心全意地集中在當下這一瞬間。不久之後，一定會見到成果。

最好的辦法當然是能夠定期進行冥想的訓練。然而，現代的父母並沒有多餘的時間，可以進行長達好幾個小時的冥想訓練，但至少全神貫注在當下這樣的訓練，是能夠做到的。在加州指導冥想訓練，同時也是《生活中的禪修，生活中的洞見》（*Living Meditation, Living Insight*）一書作者的錫恩博士（Dr. Thynn）曾說：「冥想訓練可以無所不在，現在就在這裡，在這個劇烈起伏的當下、在糾葛和失望中、在痛苦與喜悅中、也在成功和壓力中。」

我們在混沌世界的中心做正念訓練，因此能獲得內在的平和，將自己從痛苦中解放出來。

瑜伽

為四歲以上的孩子保持身體狀況的訓練

孩子大聲哭喊或無理取鬧時，常常到最後連自己為何而吵都忘記了，大部分時候只是倔強地僵持著而已。因此以下的訓練可以讓孩子回過神來，再度感覺到身體的存在。因為孩子的精神和肉體之間，具有比大人更密切的關係，因此這樣的訓練，對於安定孩子的身心相當有效。

雙腳打開大約跟肩膀同寬，體重平均分配在雙腳上，然後對孩子說：

「假裝你的腳底黏在地板上，腰桿挺直，兩手向下伸直。

「然後將胸部和肩膀朝上聳，接著再放鬆肩膀的力量，向後放下。

「現在想像自己變成布袋戲的娃娃，後面有人一直把你的頭往後拉。

「接著再把頭往前伸，讓下巴盡量貼近胸部，停留在這個狀態做個深呼吸。」

冥想：在生活中維持正念的狀態

喬・卡巴金博士說：「盤坐進行冥想，只是一種單純的輔助方式。在日常生活中留意觀察周遭、靜心思索的時間，比打坐冥想更重要。」若能集中精神在「此時此地」的冥想上，則冥想就如前面所說的，可以在日常生活中與其他活動同時進行。梳頭髮時、推娃娃車去外面散步時、在站牌等公車時、洗澡時、給寶寶換尿片時、準備飯菜時……，冥想可以與日常生活同時存在，而其核心的重點就是：集中意識嘗試思考現在這個瞬間的感情，到底是什麼樣的狀態。

在與人談話的時候，也能進行正念的訓練。別人說話時，我有多常插嘴去岔開話題？當孩子在說話時，我打斷了他的話幾次，試圖給他批評和忠告？我們在與別人對話時，應養成靜靜地注意傾聽的習慣，在說話之前，先稍爲思考一下再開口。

透過有意識的冥想來進行訓練

佛教徒（尤其是禪宗）除了日常生活中的冥想之外，也會有意識地將一部分冥想訓練，與日常生活區隔開來實踐。釋迦牟尼曾教導我們，冥想才是改變精神的最佳方式。冥想的時間，是讓我們深入了解自己精神狀態的時刻，也是能帶來正面心念並積極實踐的時刻。

原則上，可以在禪寺和禪修中心等地方學習坐禪冥想的方法。但是，本書中所介紹的解除各種緊張的訓練，是不需要去外面也可以自己輕易地學會，而且只要從養育子女的繁忙日常生活中抽出一點點時間，就能夠做到。

若能有一固定的時段，在與日常生活隔離的內在狀態下，從事靜心的冥想，當然會更理想。在佛教（禪宗）的想法中，早晨是一天當中最適合冥想的時段，因爲在開始一天生活之前的這段時間，精神還沒混沌，心靈上也比較自由。此外，一天工作結束後的黃昏時刻，也是適合冥想的時間。許多人在結束一整天的忙碌之後，能夠經過冥想，重新獲得力量與能量。

冥想的準備

在開始冥想之前，可先花數分鐘閱讀一些能爲心靈帶來能量的文章，作爲精神糧食，或做些瑜伽動作、聽些寧靜的音樂等等，營造清靜的氣氛讓精神安定下來。接著，要確保有一處能讓自己放鬆冥想而不受干擾的地方。雖然床上也可用來當作冥想的場所，但可能要冒著在不知不覺中睡著的風險。在一天當中的什麼時段冥想，並不是重要的問題。只要能有一處不受干擾的地方，把這段時間投注在自己身上，十分鐘、二十分鐘也就足夠了。

接下來，以最輕鬆的姿勢在冥想的場所坐下來，坐在椅子上也可以，想坐在地上或墊子上也沒問題，甚至仰躺在床上也無妨。但要注意維持脊椎骨伸直的狀態，保持輕鬆的姿勢。

首先，兩手放輕鬆，眼睛可以半開半闔，也可以睜開。若眼睛是半開的狀態，就讓視線朝下，但不要投注於任何特定的東西上。閉上口唇，下顎也要避免緊張狀態，舌頭輕輕抵在門牙後面的口腔上顎部。無論身體中的任何一個部位，都必須注意不要因精神散漫而喪失了身體感覺的張力。

保持正確姿勢、肩膀放輕鬆後，深深吸一口氣，把心放空，集中精神，什麼都不要想，用數分鐘慢慢地重複深呼吸的動作。這時候，下腹部應該隨著呼吸而上下起伏。這種氣沉丹田的腹式呼吸法，具有安定精神的效果。在感覺到精神穩定下來之後，就可以開始冥想。

手指瑜伽

釋放負面能量的手印

進行下圖的訓練，可得到許多活力。

兩手的食指伸直，其他手指左右交叉重疊。
兩手的拇指也交叉疊起，這樣，兩手之間就會出現一個縫隙。
若是坐著，就讓食指朝向地板的方向；若是躺在床上，則朝向腳部的方向。
在七次到十五次深呼吸之間，維持這個姿勢不動，之後，再有意識地進行三次深呼吸。
手掌朝上，將兩手放在大腿上。

處在人多的地方，會消耗很多能量，這時，自己的能量會逐漸減弱，負面的氣就會趁虛而入。這個動作能將消耗過度的衰弱能量釋放到外部，並補充新的正面能量。

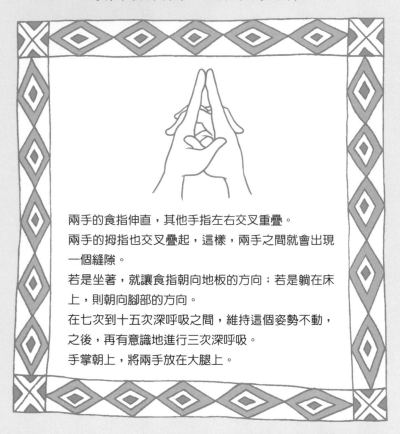

呼吸冥想

在進行呼吸冥想（觀息）的時候，必須注意觀察自己的呼吸。這並不是指需要用特定的方式呼吸，才能集中精神；而是要解除全身的緊張，有意識地在全然放鬆的狀態下，專注於呼吸。起初若有某種程度的精神散漫現象，算是正常情況。即使呼吸時心思分散到其他地方，也要忍耐著設法將精神集中在呼吸上。

靜靜地坐好，眼睛輕瞇成一條線，留心去意識自己的身體，感覺看看到底哪個部位還很緊繃。從頭頂開始，感覺臉部的肌肉，接著依序感受喉嚨、脖子、肩膀，然後繼續感受到全身各部位。一面檢查自己，一面也要保持身體全然放鬆的狀態。

然後開始對自己的呼吸做正念狀態的訓練。這可分成四個階段，初學者可以每個階段各進行五分鐘，不用急著一開始就要把每個階段都做得很完美，因此即使最初只能做一、兩分鐘也不要緊，時間自然會慢慢變長的。以下的呼吸冥想法，是莎拉．娜塔莉建議初學者嘗試的方法：

第一階段：將意識集中在呼吸上並注意吐氣。在每次吐氣時數數，讓自己的精神集中在呼吸上。從一數到十，然後回到一，再從頭開始數。數數具有控制專注力的效果。但要注意數字並不是眞正的重點，最重要的還是要把精神集中在呼吸上面。

第二階段：將意識集中在呼吸上並注意吸氣。在每次吸氣時數數，從一數到十，然後回到一，再從頭開始數。雖然跟第一階段相同，但實際用心去做時，就能敏銳地感覺到。

第三階段：仔細地感覺自己的呼吸過程，呼吸爲自身帶來了什麼覺受。你能否感覺到：吸入體內的空氣在身體裡擴散出去的感覺、用腹式呼吸時有什麼感受。然後不要數數，一面呼吸，一面注意自己有什麼覺受。說不定你能夠感覺到在呼吸與呼吸之間的寂靜。

第四階段：感受呼吸的流動。現在將注意力集中在呼吸的各部分，觀察吸氣時和呼出時，鼻子周圍和鼻尖有些什麼樣的感受。你應該會感覺到吸入的空氣比呼出的空氣冷。

這四個階段的呼吸冥想結束後，集中於呼吸的整個過程和身體的感覺過程上，逐漸結束冥想。睜開眼睛，繼續坐著不動，有意識地觀察自己身上發生了什麼，感覺怎樣。

剛開始時，意識會很難集中。在數一、二、三……時，我剛才把奶瓶放在哪裡啦……七、八……明天得去幼稚園報到……九、十……糟糕！襪子還沒整理等等的雜念，都會亂七八糟地跑出來。若發生了這樣的散亂念頭，讓你覺得很難集中注意力的話，就先停下來一會兒，再重新開始。持續這樣的訓練，專注力自然會提升，妄念也會逐漸減少。

很多人因爲對自己的散漫感到失望而放棄冥想，但我們並不需要這麼嚴格的要求自己，因爲維持正念的狀態，需要很多的練習。每天刻意找機會，一有時間就進行冥想，在「現在」、在「這裡」爲正念而努力，能幫助你度過平穩的一天。

冥想練習

四歲以上孩子的冥想

大人往往在一段時間內要同時進行很多件事情，因此很不容易集中於「現在、這裡」的這個當下。但是孩子卻能夠好幾個小時熱衷於某種遊戲，同樣的也能專注埋首於一件事情。這個訓練具有培養孩子的集中力和觀察力的效果。

讓孩子閉上眼睛，集中精神注意傾聽周圍所有的聲音。

孩子應該可以聽見：車輛的喇叭聲、冰箱發出的嗡嗡聲、鳥鳴聲、小朋友們在外面玩耍的笑聲……

一分鐘後請他睜開眼睛，讓他說說自己所聽到的聲音。

如何處理負面情緒

發生問題時，要盡力去解決。
但是若真的無法解決，就不再是問題了。

——釋迦牟尼

本書是寫給那些爲日常生活中的問題而煩惱的父母。不是爲戰亂頻仍或者爲生死邊緣的貧困所苦、也不是因爲孩子患了罕見疾病而掙扎的父母，而是爲了那些很普通的父母。一般來說，是爲了那些到了月底還有足夠的錢可以生活，但卻總是在養育子女時，遭遇到一些常會發生的問題而飽受精神壓力的父母。

但是，這些乍看之下生活似乎很充裕的父母，有時候也會悲嘆自己再也無法承受養育子女的責任，或者認爲自己沒有好好培育孩子的能力，因而被厭惡感和絕望感所包圍，變得十分悲觀無助。然而這樣的想法和情緒，幾乎所有的父母都經歷過，差別只在於程度不同而已。

不用擔心，父母絕對不是沒有辦法脫離這樣的生活。我們的狀況沒有自己所想的那麼嚴重，也不會因爲自己的錯誤而陷入無法自拔的泥沼。

以下所介紹的處理負面的思考和情緒的四種方法，並不是相互關聯的，因此你可以從中選擇較適合自己的方法來用。至於要選哪一種則因人而異，同時也會因爲遇到的問題不同而改變。你可以選擇其中任何一個方法來嘗試，若覺得沒效，就再試試其他方法。

練習正向思考

當覺得心中的願望不可能實現、討厭某個人、感到不安或負擔太重時，我們應該努力不讓自己被這些想法困住而陷得太深。一旦我們鑽進牛角尖而被困在裡面，即使瘋狂地拚命尋找，卻可能距離眞正的解決之道愈來愈遠，有時甚至連解決的方向都看不見。

在這樣的情況下，必須把焦點轉向其他方向。無論情況多艱困，一定都能找出比較正面的部分。我們一開始可能會覺得無論怎麼努力，眼睛都還是會不知不覺看到負面的狀況，但是若重新思考，一定可以至少找出一、兩個比較正面觀點。

什麼？我兒子把沙子灑在別人頭上？可是他們剛才還很高興地一起做了個漂亮的「金沙蛋糕」啊！

孩子無理取鬧、哭個不停嗎？回過頭來想想，他昨天才剛清楚地說出了生平第一個句子，而且已經能夠理解電風扇帶來的好處了呢！

陪孩子在公園玩了好幾個小時，已經很累、肚子也很餓了吧？不過，這段時間也很有很多收穫啊，坐在公園椅子上，好像做了場不用花錢的日光浴呢！

只要像這樣朝著正面的方向去思考就好了。

考慮一下後果

有時候雖然只是很細微的想法或曖昧不明的情緒，一旦鑽進牛角尖，不僅會影響到自己，也很可能會對孩子和配偶造成非常大的影響。當我們懷抱著某種期待或擔心時，若能反過來仔細想想它可能造成的後果，就能將負面的想法或情緒切斷。因此，當我們懷抱著某種情緒的時候，請仔細考慮一下，讓這樣的情緒繼續發展下去，結果會怎樣？即使僅是很實際地意識到情緒所可能造成的影響，就足以切斷那樣的感情了。

當你對為人父母的身分感到懷疑而束手無策時，請停下來想一想：若自己不在了，孩子會面臨什麼情況？孩子要怎麼長大？誰來照顧他們？他們要吃什麼、跟誰玩？若放棄了父母的責任，你會是什麼樣子？能夠得到眞正的幸福嗎？

手指瑜伽

讓怒濤洶湧的感情
沉靜下來的手印

當內心充滿憤怒時，情緒隨時會爆發，若不發洩出來，就可能會生病。這種手印可以發揮讓憤怒的情緒沉靜的效果。

兩手的手指慢慢向內側彎曲、握成拳頭，這時，拇指放在食指上面。
必要的話，可以每天進行這個動作三次，每次五分鐘以上。

此外，以下的方法也很有效：握緊拳頭去捶打枕頭或墊子；或者，一邊慢跑、兩腳交錯用力原地踏步或跳舞，一邊思考自己生氣的原因。
攻擊性的想法和憤怒就是會出現，這跟我們的意志無關，而是我們與生俱來的感情之一。尤其在教養子女的時候，因為無力感和疲憊的作用，常常會讓我們感覺到無法壓抑的憤怒。

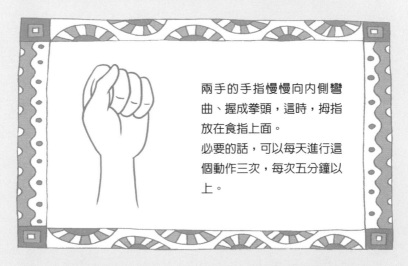

改變自己的看法

有時候我們會無法完全斷除負面的想法，雖然自己也不願意，但那些想法就是會浮現在腦海裡。這時候，可以試著讓自己暫時離開，去做些全然不同的事情，會很有效的。

帶孩子到動物園玩、去逛街、或去朋友家玩，都是很好的方法。與其困在毫無意義又無法壓抑的想法中，不斷鑽牛角尖，不如出去散散心，讓自己的意識離負面情緒遠一點。有意識地故意忘記、或假裝沒這回事，也是逃離負面想法的好方法。

尋找其他解決之道

千萬別忘了：一定有很多不同的方法可以解決問題。即使看起來好像走進了死胡同，找不到解決的辦法，或者明明只有一個解決之道，卻無論如何都不想選這個方法時，千萬不要輕易放棄。

因爲得不到期望的結果，內心因而充斥著不滿嗎？那麼，不妨試著換個方法來思考：發揮想像力，嘗試一切能找到的方法看看。或許你會在試過完全不同的方法之後，赫然發現答案簡單得令人意外。

例如：孩子不肯好好躺在嬰兒車裡時，就試著讓他趴著；孩子鬧彆扭不願意穿外套時，就改拿厚毛衣給他穿；怎麼說孩子都不洗澡時，爸爸或媽媽陪他一起洗，看看會不會好一點；孩子不肯唸書時，跟他說可以讓他先玩一下再去唸；孩子發脾氣不聽話時，可以讓他出去活動一下筋骨、玩玩需要用體力的遊戲，消耗一些多餘的能量。

如此這般，解決問題的方法非常多元且多樣。當然，沒有一種方法可以保證絕對成功，有時候有效，有時候可能又行不通了。遇到這樣的情形時，只有盡全力用心去處理，然後持續忍耐下去。

接著再對三種負面的情緒，作比較詳盡的考量。

憎恨、憤怒與焦慮

釋迦牟尼曾經說過：「心懷怨恨，就像是赤手空拳拿燒得火紅的炭塊丟別人，結果只會燙傷自己的手而已。」

佛法中，也有「憎恨，絕非憎恨所能解決」的說法。因爲唯有「愛」，才能克服這些負面情緒。同時，佛教中也將憤怒以及類似的情感，如憎恨和焦慮等，定義爲我們的「人格之敵」。憎恨、憤怒、焦慮，都同樣會破壞心中的平和與慈悲。不過雖然明知如此，想要抑制或超越這些情感，仍是非常困難的事情。但是我們也能經由憎恨，學習了解自己以及了解這些「人格之敵」。

負面的感情會對我們造成什麼影響，莎拉．娜塔莉作了如下的說明：「若讓憤怒爆發出來，這股憤怒就會剝奪我們的能量、威脅我們的健康，並且破壞我們做出明智決定的能力。」

憤怒和憎恨會化身爲暴力，而暴力會引起更多的暴力，陷入無止盡的惡性循環，結果就會帶我們走上破滅的途徑。因此，學習如何以正確的方法處理憤怒，對我們是非常重要的事情。

首先，我們應該深刻地記得：憤怒只是一種短暫的情緒。因此在對他人感到憤怒時，不需要因為產生這種情緒而對自己生氣。當負面情緒出現時，我們只能靜靜地等待它消失，或轉變為正面情感。

當然，眞正要實踐的時候，可不像文字描述得這麼簡單。因為現在正在氣頭上，得把怒氣強壓下來，還要讓自己恢復平常心，實在不是件容易的事。雖然這麼做很困難，但只要在開始採取言語或行動的反應之前，先稍微暫停，思考一下憤怒的原因何在。誠實的想想看：現在到底是什麼讓我如此憤慨？要如何才能將這個憤怒的原因消除掉？

若實在無法戰勝自己的怒氣，就必須跟孩子說明自己生氣的原因。而且就算孩子還無法理解，父母仍要對自己發怒這件事向他道歉。這是為了要以身作則，明白地向孩子表示「父母對於無法抑制自己的情緒這件事，應該要負責」的態度。反過來，若孩子的行為讓你感覺內心受到傷害，我們是不是也希望能聽到孩子說「對不起」呢？所以，孩子當然也會希望父母這麼做。

「父母應該要成爲孩子完美的楷模，因此行爲必須隨時保持正確無誤」的想法，只是一種幻想，立刻就會被孩子識破，認爲父母是在說謊。父母若想要子女尊敬自己，就不能用這種態度對待他，反而應該誠實地承認自己的錯誤，讓孩子看見自己的弱點。

生氣也沒用

史蒂文・李斯

跟孩子一起生活，有時候真的會忍不住發怒。例如，我正在開車，平平卻掙扎著想離開嬰兒座椅，但是因為嬰兒座椅是用安全帶固定著，無論他怎麼用力也掙脫不開，於是就哭了起來。剛開始我不理他，但是沒多久就開始受不了了。因為孩子哭喊個不停，吵得我實在沒辦法專心開車，就抓狂地大聲吼他：「別吵！」當他聽話地閉上嘴巴，流著眼淚用悲傷的眼神看著我時，我心裡覺得真是對不起他。

其實孩子只是被綁在嬰兒座椅上覺得不舒服，想要自由地呼吸一點新鮮空氣，為什麼我會對他大吼呢？我為什麼不能找個地方把車停下來，帶平平離開車子出來走一走，稍微轉移他的注意力呢？

自己竟然會忍不住對平平大聲吼叫，讓我覺得很不好意思，因為無論是對自己或是對孩子，生氣都是完全沒必要的。

恐懼與憂心

當我們對自己的人生有所求時，就會開始恐懼。因爲痛苦和恐懼背後，永遠有欲望和執著的陰影存在。對人生的欲求愈多，憂心的種子就愈多。

如果我們一定要看到孩子幸福快樂才會覺得安心的話，發生問題的危險性就會增加。爲什麼？因爲我們希望孩子能永遠幸福，這個期望本身就已經非常不切實際，而且對我們的人性毋寧是有害的。因爲人生在世總是需要累積許多經驗，這些經驗有的好、有的不好，而不好的經驗給人生帶來的益處並不會比好的經驗少。

父母永遠能找到爲子女擔憂的理由：受傷了嗎、是否安全、結交壞朋友啦等等。父母知道許多孩子還不明白的危險，因而提早開始替他們擔心。但是總不能因爲父母會擔心，就不讓孩子去嘗試啊！培養孩子堅強的意志力和自信心，是父母的重要工作之一，所以絕不能讓恐懼與憂心佔據我們的腦海、影響我們的行動，也影響了孩子未來的發展。

子女的成長是否正常、是否能適應學校的生活……，這些毫無根據的憂慮，都是因爲我們只看見現實生活中比較糟的一面，又誇張了我們的想像而產生的。孩子的表達能力還不夠、不會自己吃飯等等，這些都不需要擔心。只要父母培養自己的認知能力，實踐正念的生活，就會發現孩子有許多極佳的表現，而不是只看見他不足的地方。

對於孩子的具體要求，例如，出生後十二個月就要會走路、三歲就應該不需要包尿布、高中畢業後一定要考上有名的大學……，只要對孩子的期望愈大，父母的憂慮就愈多。若我們能實現這些願望，就會覺得知足快樂，因爲我們認爲唯有這樣，子女的未來才會滿足而幸福。

但是在這些期待之前，父母應該先學會等待和忍耐。因爲世界上沒有十全十美的人，我們自己都不完美了，孩子當然也是如此。

只有一件事情是非常確定的，那就是：子女絕不是爲了回應父母的期待、滿足父母的自負和虛榮心而存在的。那些期待都跟孩子無關，只是父母自己的感情而已。當父母將這些期待加諸於孩子身上，子女會覺得壓力非常沉重，因而無法自由地發展自我，白白錯過好好運用上天賜予他能力的好機會。

按摩法

用來哄孩子睡覺的膝蓋按摩

小孩子偶爾會因為肚子脹氣不舒服而睡不著，這時若稍為壓迫他的膝蓋，就能刺激免疫系統和消化系統，幫助他舒服的好好睡覺。

用拇指輕輕按摩孩子小腿左右兩側，停在膝蓋旁邊凹下去的膝蓋骨（大約一指寬下方）附近，集中按摩周圍。

以指壓法輕壓這個部位一分鐘左右，但若孩子不喜歡就先作罷。

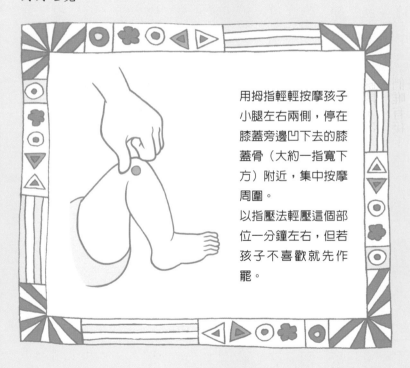

悲傷與挫折

當我們期待的成果沒有達成、或得到的只是失望、遇到無法解決的問題時，就會感到挫折。但是，這也是一種我們必須承受的情緒。若將自己的挫折轉嫁給他人，並不是正確的做法。

當挫折感來襲時，可以轉變自己的想法：原來這樣的期待，對我而言並不是最好的。失敗這件事，跟成功一樣能夠爲我們帶來許多有用的教訓。

達賴喇嘛說：「你無法達到的成就，可能蘊含著令人驚奇的命運眞理。」雖然今天我們覺得這個失敗的感覺很糟，但說不定這個失敗的經驗，以後可能會爲我們帶來好處。因爲即使是最艱辛的狀態，也能夠培養我們承受試煉的能力。

佛教中有「人生即是苦」的教誨。人的一生當中會遇到許多瞬間，讓我們體會到這句話的確是恆久不變的眞理，例如，孩子生病時、父母或配偶生離死別時，我們沒有能力去改變那一瞬間，因此我們沒有避開痛苦的辦法，也沒有選擇不受苦的權利。當痛苦降臨，我們唯有接受一途。

所有佛教修行者都會強調另外一個基本原理：一切必定會消滅。因此在挫折的瞬間，也會有希望出現。在經驗過痛苦、直接感受到那種痛苦之後，我們就能培養體貼他人、對他人慈悲的心。佛教給予我們的心靈慰藉就是：人們因為經歷過痛苦而能夠理解他人，也使自己更成熟、茁壯。

冥想訓練

為四歲以上的孩子
培養內在平和

孩子先天就喜愛安靜，因此他們不喜歡極端的刺激。
父母可以透過這種訓練，幫助孩子安定情緒。

孩子一走進房間，就敲打三角鈴，或者用鐘聲、鈴聲都可以。
讓孩子盤腿而坐，或者跪坐。雙手輕輕向上舉起，維持這樣的姿勢，將兩眼闔上，再度敲打三角鈴。
慢慢放下雙手，當三角鈴的迴響完全聽不見後，將雙手手心朝上放在膝上，手肘微微向外張開，同時傾聽周圍的寂靜。
一段時間後，就可以伸展身體並張開眼睛。

在忙碌的一天接近尾聲時，定期幫孩子做這樣的訓練，孩子就能感受到寧靜，並且體會到日常生活中的擾嚷忙碌與心靈平靜之間的落差。

日常生活的危機處理

別讓微不足道的小爭執，破壞珍貴的友誼。

——達賴喇嘛

避免情況惡化

父母絕非完美無缺，即使擁有豐富教養經驗的父母也一樣。子女總是會對站在教育立場的父母，不斷地提出各種非常有創造性的課題，而且隨著孩子逐漸成長，用來考驗我們的課題難度也愈來愈高。

在外面忙碌了一天，回到家後還不能脫離日常生活的瑣碎雜事，即使想以三十分鐘的冥想來補充一點能量，似乎也是一種不可能的奢望。當然，若我們能先花點時間冥想，那麼像下面一頁所敘述的例子就不會發生了，因爲一旦發生爭執，浪費的時間往往不只三十分鐘。

孩子似乎喜歡選在父母最筋疲力盡的時候來找麻煩，父母便很容易因此陷入混亂狀態。在這樣的狀況下即使努力設法解決問題，也只是將父母的不滿擴散到孩子身上而已。

親子之間的爭執，若能客觀而和平地進行，就不會發生問題。但是若陷入纏鬥不休的膠著狀態，最好是能夠暫時離開現場一下。

可以採取的方法很多：走出房間、出去散步、冥想十分鐘、或者將孩子交給配偶照顧一下……。讓自己在寧靜的環境下，仔細思考：自己想要的、孩子想要的，到底是什麼？這其中必定藏著解決問題的關鍵。只要冷靜想一想，或許就能找出有創意的好點子來解決問題。相反的，若停留在充滿無力感的狀態下，讓自己陷入危機的泥沼中無法掙脫，那麼我們的思考就會像困在迷宮中似的，一直在原地打轉。

爭執

安娜・芭蓓蔻爾

不久前，我跟兒子吵了一架。忽然間，這本書中提到的所有問題，似乎一股腦地湧現了出來。那天也是忙碌不堪的一天，好不容易回到家，我已經又累又餓了，打開大門時想到可以看見孩子的臉，心裡很高興；可是一想到還得趕緊準備晚餐，又覺得有些沉重。

打開大門的瞬間，猜猜看發生了什麼事？兒子滿臉憤怒地站在那裡，劈頭就問：「我公演的票在哪裡？」

接著，他還連珠炮似的指責：「我到處找都找不到，一定是被媽媽丟到垃圾桶了吧？」

我到現在仍然很後悔自己當時的反應，多麼希望能以更從容平靜的態度對待他。可是那時我飢腸轆轆，而且疲憊使我的火氣也變得很大。

所以我也以牙還牙地對他發出怒吼：「我根本不知道你到底在說什麼！再說，

你公演的票在哪裡，關我什麼事啊！」

我們的爭執就這樣拉開了序幕，兒子因為我丟掉他的票而生氣；而我呢，就大聲責備他說一定是因為自己沒好好保管，才會找不到。我們兩人都認為自己的立場才是正確的，絲毫不肯讓步。過了不久，我們發現這樣劍拔弩張也不是辦法，決定停下來稍微思考一下如何因應這個狀況，因此暫且進入休兵狀態。

爭執的教訓

我們決定暫停片刻，像球賽中場休息時間一樣休戰三十分鐘。剛開始我還無法平靜下來，心中仍然充滿了憤怒，覺得兒子怎麼可以用如此苛刻的言詞來責問我呢？

但是，這個問題的答案，我早就已經知道了。當他聽到媽媽說：「你公演的票在哪裡，關我什麼事！」兒子當然更加確信，發生了讓自己這麼憂慮的事情，母親卻毫不關心，因此，他當然愈來愈不高興啦。

當然，我會說那些話，絕不因為我真的不關心他找不到公演的票。兒子所擔心的每件事，當然也會是我的擔憂，這點即使在發生爭執時也是一樣的。但是當我們發生爭執時，我卻沒有對他這麼說。

因此中場暫停時間結束後，我們重新開始對話時，我就先對他說：「你的票不見了，我當然很清楚你有多傷心啊。」兒子也回答我說：「對不起。」經過了這件事，我學到一個教訓，明白自己應該更用心地去理解兒子的立場；而兒子也得到教訓，知道應該稍微壓抑一下自己的情緒，冷靜地處理事情。這場爭執，讓我們兩人都有了相當大的收穫。

從危機中學習

危機總是伴隨著許多痛苦而來，然而危機過後，成長的潛力也同時存在於其中。我們或者孩子，若正在經歷一段困難的過程，要記得：這是檢視我們目前狀態的好時機，應該利用這個機會審視自己：我是否做錯了什麼？狀況爲何變得這麼糟？我對這樣的狀況該負多少責任？

我們不能期待子女能像我們一樣理性地去克服心中的糾葛，因爲孩子的人生經驗還不夠，也還無法預料或想像到爭執和糾葛會造成什麼結果。因此當處於危機的狀況時，找出原因，並且領悟到能從危機中學習到什麼道理，是父母的責任。接下來，我們將在下一章對這個問題做比較詳盡的探討。

關於教育的想法

將你的知識分享給他人，是讓自己永不消失的好方法。

——達賴喇嘛

孩子的行爲無法預測

帶著孩子去超市買東西，一個不留神，他就兩手都抓滿了糖果；有時候才一秒鐘沒看著，他就把洗衣籃整個翻了過來；又或者，他連五分鐘都無法忍耐，不停地在餐廳裡跑來跑去；一眨眼工夫，就把其他小朋友精心堆砌的沙堡毀掉。根據哈佛大學教授卡洛・杜克博士（Carol Dweck）的說法，正常的小孩，通常每三分鐘就會出現一次不被父母允許的行爲。

孩子們有各種奇怪的惡作劇，有時也有可愛的一面。但無論孩子年齡大小，有時眞的會讓父母感到很厭煩。例如，一整天都心情不爽，無論怎麼做都無法讓他高興，拿玩具砸人、不肯吃飯、到了晚上也吵鬧不休不肯睡覺……，孩子有時候就是這麼難搞。遇到這種狀況，父母也會失去理智開始抓狂。別說維持心靈正念的狀態了，就連靜下心來好好思考的餘裕都沒有。

做父母絕不是件輕鬆的事

遇到這樣的狀況，很多父母都不知該如何是好。其實孩子自己也知道無理取鬧是不對的，因此一邊哭鬧，也一邊瞇著眼睛不安地觀察父母的反應。那麼，孩子爲何明知不應該、卻又明知故犯地吵鬧呢？

西方的心理學、教育學理論書籍，對於所有的狀況幾乎都能拿出一套說法：父母按照自己的想法隨興教育孩子啦、對孩子的教育態度前後不一致啦，要不然就是每天把孩子的行程排得滿滿的、逼得孩子喘不過氣來……等等諸如此類的說明，然後解釋說這些理由就是導致孩子不乖的原因。

若非如此，就說是孩子進入叛逆期了，或者孩子到了開始學認人的時期什麼的。但是，只用一個方法來解釋孩子各種不同的問題，似乎太過簡化，好像只要父母發揮一貫性和能力，就能解決所有的疑難雜症。

在論及兒童教育時，很多人都把焦點放在：如何讓孩子按照父母的意志去行動、如何讓子女實現父母的期望……。換句話說，討論的都是如何導正孩子的行爲、乖乖吃、好好睡、維持好心情等等重點。

但是，事情永遠不會像表面上討論的那麼順利。父母會動怒，孩子也有自己堅持的想法，這麼一來，雙方就會劍拔弩張，好幾個小時都無法從危機中跳脫出來，相信很多父母一定都有過這樣的經驗。

手指瑜伽

實現願望的手印

這是在日常生活中就能輕易做到的手印，可提升注意力，專注在一個願望上。只要用手指，就能將力量集中在某件事情或想法上。而且這個手印還具有增進內心安定的效果，使得心境更加從容平和。

雙手的拇指、食指和中指的指尖合在一起，其他的手指則向掌心握起。
在這樣的狀態下觀想，集中精神在願望上。

這個訓練對專注力的要求更勝過時間。想要實現願望，必須打從心底有這樣的意識。例如，希望孩子能安靜一點、希望電話不要響、要想起兒子的健保卡放在哪裡。

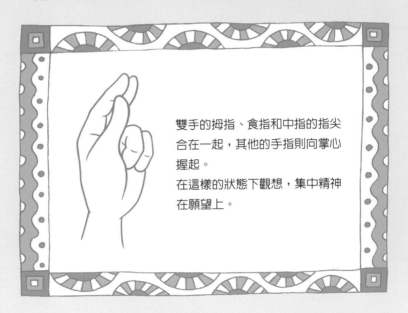

錯了也沒關係！

「即使再怎麼聰明能幹的父母，在跟孩子相處時，也會不斷犯錯或失誤。父母常在某些個節骨眼上搞砸，掌握不到孩子的欲求或想要的東西。」

這是著名的兒童心理學家霍爾夫岡．伯格曼（Wolfgang Bergmann）所說的。這話聽了眞讓人感到安慰，原來會搞砸的父母，不是只有我們而已！不過另一方面，我仍在思考是否能盡量正確地處理孩子的欲求，以減少自己的挫折感。

對於這一點，貝克曼回答說：「盡量張開眼睛、耳朵和心。」聽起來很簡單的一句話，要做到卻十分不容易。一言以蔽之，就是必須隨時以正念的心，謹慎地去觀察，以便掌握孩子的欲求。

而且，我們必須接受一個事實：跟世界上許多其他事情一樣，父母也不是完美的。只要能夠得到孩子的信賴，親子之間的關係就會比較理想、順利。貝克曼主張：只要父母以眞實的愛善待孩子，孩子就可以輕鬆、自然的態度去接受「原來父母也會犯錯」這個事實。

這聽了就讓人覺得比較安心。但「盡量打開眼睛、耳朵和心」，仍然是個不容易實踐的叮嚀。家裡若有已成長到某種階段的子女，父母就會知道，親子之間的問題，是不會按照父母的想法進行的。

這時候，我們就需要佛陀的教法，幫助我們找出孩子痛苦的原因。只有這樣做，才能從根源解決問題。所有的爭執都有其原因，因此每當問題出現時，就要去找出適合這個問題的解決方法。

那麼，到底怎樣才能做到呢？

不被自己的期望綁架

佛教有這麼多的經典文獻，卻找不出任何關於教育孩子的概念。仔細想想就能明白其中的道理，因爲「教育」這個詞彙，本身就包含著由大人在塑造孩子的意味。

大人總是教導孩子：行爲要守規矩、有禮貌，將來找個正常的好職業。即使是努力想依照佛教的教義來教養子女的父母，大多也有著類似的希望。事實上，要求孩子遵守某種程度的行爲規範，絕非不合理的要求，因爲規矩和禮貌能讓孩子在與人溝通時比較順利。

但是從佛教傳統來看，這些其實都是以父母的身教做子女的榜樣，讓孩子照著學樣。也就是說，父母在與孩子相處的時候，若都能以禮相待、尊重孩子，時時以孩子的立場來看事情，子女的人格特質就會朝著同樣的方向成長。從這個觀點來看，恐怕大部分的父母採取的都是錯誤的方式。

在佛法中，孩子都是獨一無二的個體，我們應該接受他所具有的獨特欲求和精神世界。只要父母能仔細觀察孩子的想法，親子之間就能連接起堅固的心靈橋樑，而孩子也能以此爲基礎，從容不迫地成長爲具有慈悲心的成人。

當然，這些話聽起來總是很簡單，眞的要實踐可就難了。包括筆者在內的許多父母，心裡都有一種內部檢視機構，拒絕誠實地接受事物原本的樣子。這個內部檢視機構終年不停地運作著，不斷評價我們和孩子們的行爲，並爲我們作判斷。

我們就這樣被自己的期望所綁架，雖然我們並未意識到，但卻已自我束縛而不自知。因此，一旦我們認爲事情就是那樣，就確信自己的想法絕對正確，然後固執地堅持下去，絕不輕易考慮更改路線。而且因爲我們的視線角度受到限制，找不到其他解決方法，也走不出新的道路，以致我們無法從正面看見他人的眞實和孩子的眞實。

我們對孩子的期望到底有多大呢？我們的期望並不總是以愛爲出發點，若有時因孩子的表現而覺得驕傲、浸淫於滿足感之中，這就是佛教所謂的「執著」。

當然，父母大部分的期待都是來自於希望孩子快樂的願望。但若父母的要求已超出孩子的能力範圍，就會讓孩子爲了對父母有所交代，而強迫自己去追求達不到的目標，痛苦也就由此而來。如此，犧牲孩子的自我意識來滿足父母的期待，是絕對不應該的。

呼吸訓練

四歲以上的孩子承受外部刺激時的對應方式——貝殼動作

當孩子十分疲憊、痛苦時，可以讓他做腹式呼吸。

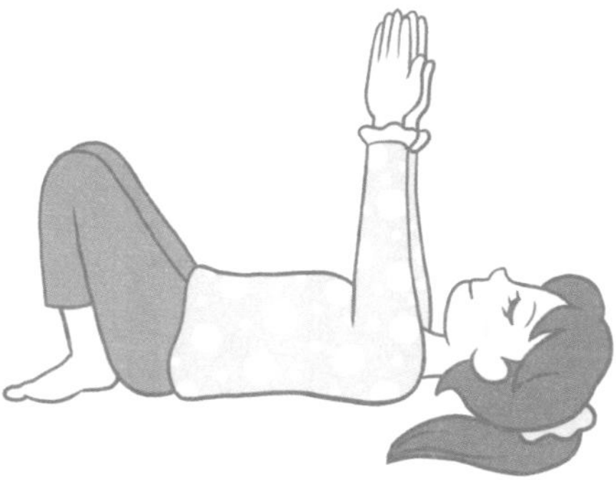

讓孩子全神貫注在吸氣、吐氣的動作上。這樣做能夠提高孩子的注意力。大人可以在旁邊安靜地幫他數數字。

孩子以放鬆的姿勢面朝上仰臥，兩腳膝蓋盡量彎曲到腳能碰到屁股。此時可以閉上眼睛。

兩手向上伸，在上方合掌，腦中想像自己現在是橫躺在海底的一隻扇貝。

用鼻子吸氣，想像自己是「扇貝在打開貝殼」，兩腳腳底相對緊貼，伸展雙手，盡量讓手腕和腳貼近地面。

接著，一邊吐氣，一邊想像「扇貝在闔起貝殼」，同時將雙手和雙腳合攏恢復原狀。

重複這個動作二至三次。

以佛教精神爲基礎的教育

喬．卡巴金與蜜拉曾經告白說：「我們無法不愛孩子，無法不無條件地接受他們。對於子女這樣奇妙的存在，只能以讚嘆的眼光，目不轉睛地盯著他看。」當父母守護著孩子，讓他們在沒有任何先入爲主的觀念或偏見的環境中成長，就能幫助他們紮根成長、展翅飛翔。對孩子而言，這就是最強而有力的支撐，同時也是給予孩子自由的方法。當我們把孩子從父母的期待和願望中解放出來，孩子才能夠眞正成長爲具有完整人格的個體。

孩子在學會如何回應父母或他人的期許、獲得以正確的方式應對的能力之前，應該先思考一個最重要的問題：自己到底是什麼樣的人？換句話說，他們必須先知道：自己的感覺如何？需要什麼？想要的是什麼？而且也應該先學會：適當地表達自己感情的方法，以及以開闊的心胸與他人相處的方法。以佛教的觀點來思考時，父母首先應該實踐的最重要課題是：父母應該像個成熟的大人，採取正確的行動，留心尊重孩子的希望和需求。

喬卡巴・金與蜜拉說：「如同西洋醫學的基礎建立在希波克拉底誓詞上，父母也應該在心中做類似這樣的宣誓，發誓自己無論如何，絕不做出可能會對子女造成妨害的行為。」

日常生活中的親子問題與解決方法

在教育孩子之前，先教育自己。

——約努茲・卡札克

（波蘭的小兒科醫生，曾在納粹統治下，致力於照顧收留猶太孤兒的孤兒院）

以下，我們開始以教養子女時常遇到的典型問題爲例，思考如何將佛法運用在日常生活中。當然，即使如此，我們的努力有時也會在瞬間成爲泡影，覺得好像才前進一步、卻又退後了兩步。但是不用擔心這些問題，因爲我們本來就是站在學習的立場，從「小禪僧」、也就是孩子的身上來學習的。

孩子整天哭鬧不休

是因爲尿布濕了？還是肚子餓了？睏了？感冒了？有什麼地方不舒服？到底是怎麼回事？孩子狂哭個不停，父母卻完全找不出原因。而最大的問題在於，孩子就是不肯停止哭泣。

孩子哭得歇斯底里，連結著親子之間的心理臍帶，也緊繃得好像要拉斷了。每當孩子哭鬧起來，父母也跟著受苦、失去力量，同時也變得敏感，更承受不了壓力。

孩子的哭聲是非常讓人難以忍受的。聽到孩子哭，我們也會覺得痛苦、睡不著，這是因爲孩子必須盡快把狀況傳達給父母的關係。當父母變得敏感，孩子也能立刻感覺到，因此，孩子也不得不變得敏感。這麼一來，父母就到達了隨時會爆發的臨界點，已經無法繼續壓抑自己的情緒。就是這時候！這個瞬間就是實踐的最好時機，父母應該從這個瞬間學會放手。

解決對策：若無論如何都無法解讀孩子想傳達的訊息，就先好好地抱抱他再說吧。當然在抱起他之前，還是得先詳細檢查他的基本需求是否都已解決，或者是否有哪裡不舒服。

若眞的找不到任何異常，而孩子仍哭個不停，就把他抱起來，將他的頭靠在你的肩膀上，與你肌膚相親，貼近他，並全心全意傳送訊息給他：想哭的話，就哭個夠，沒關係。這是爲了讓孩子感受到父母的關愛與包容，讓他知道可以盡情表現自己的憤怒或恐懼。這時候父母一定要緊抱著他，留意傾聽孩子的呼吸。

與孩子一起以同樣的節奏呼吸，同時哼唱輕柔的歌曲來安慰他，配合歌曲的旋律慢慢地搖擺身體，甚至跳起舞步來也可以。此外，播放寧靜的冥想音樂給孩子聽，也是個好辦法。這時候若使用固定節奏且旋律重複的音樂，效果會相當顯著。最重要的是，父母和孩子都能找回心靈的安定感。

兩個人，同一種節奏

安娜．芭蓓蔻爾

我兒子四個月大的時候，常常得連續抱著他好幾個小時，沒辦法將他放下來。一開始是不安穩的低聲哼，不久就變成哭泣聲，然後很快就轉變成大哭。只要把他放在床上睡，他就開始胡鬧，更加放聲大哭。有時候我真的忍無可忍，把孩子留下，自己離開房間去塞住耳朵。都已經幫他換了尿布、餵奶，也抱著他在房間裡轉來轉去哄了很久，還是一點效果也沒有。

我用盡各種方法後，忽然想起自己小時候，媽媽抱著我哼唱搖籃曲給我聽的情景。我還記得媽媽那時候會輕聲地歌唱，並抱著我隨著歌聲的節奏翩然起舞。

於是我將哭泣不已的孩子抱起來，感受他心臟跳動的聲音，同時配合他來調整自己的呼吸，然後開始邊唱歌邊像搖籃似的靜悄悄地搖擺。我全身貫注地將注意力集中在孩子身上，靜靜地貼近他，用心、用耳朵去傾聽他的需求。只是這樣做，就讓我的心情安定下來，沒多久，孩子也跟著安靜了下來。

氣功

讓四歲以上的孩子像熊一樣走路，作正念的訓練

這個正念訓練，可以在散步的時候順便做。
經過訓練，可以幫助孩子早一點開發自我意識。

讓孩子像熊一樣，以緩慢的動作大步走。從舉起腳到腳再度落地為止，一個動作一個動作很小心地慢慢進行。

這時不需在意孩子走路的速度，可以快，也可以慢，重要的是將意識專注於兩腳的動作上。訓練時間長短不拘，孩子想做多久就讓他做多久。瑜伽、氣功、呼吸法、按摩等都一樣，絕對不要強迫孩子。只要在孩子想做的時候，陪著他一起練習就好。

過度爲孩子擔憂

養育過孩子的人都有不同的父母經，其中驚嚇得連呼吸都忘記的經驗，大概也不只一、兩次吧。養育孩子是二十四小時全年無休的工作，新的心理壓力也不斷地出現。孩子還小的時候，盪鞦韆時掉下來、滑溜梯時跌倒、步履蹣跚地往車水馬龍的馬路走過去，讓人捏了好幾把冷汗。長大以後也有不同的狀況：得意地拿出剛考上的駕照，握著方向盤的時候根本不知道害怕是什麼。

天下父母心，每個父母總是會擔心孩子受到傷害，這是理所當然的。因爲子女在成長過程中，精神上、身體上多少都會發生一些意外事故。

但是另一方面，父母不單單是擔心子女們的未來，有時候也實在是操心過度了。因爲父母總是很容易未雨綢繆，擔心萬一發生了什麼事怎麼辦，無不希望能盡力在事情還沒發生之前，就先保護好孩子。這時，我們不免又會遇到執著的問題。搞不好，父母的欲求可能會強出頭，反而讓孩子不知所措。這時，就是需要內部檢視的時刻了。

解決對策：我們一方面要盡全力提供孩子一個安全的環境，另一方面又得告誡他「外面人心險惡」，讓他明白現在的狀況並不安全。對父母而言，這可眞是件兩難的事啊！在變化不斷、完全無法預測的時代，我們不得不在這兩者之間尋求協調，才能安心地活下去。

孩子滿三歲以後，就必須向他說明爲什麼會危險，而不只是限制他的行動。當他爬上高處時，叮嚀他「手要好好抓緊」。偶爾問問他是否有把握，當他說需要幫助的時候，隨時準備好伸手去扶他一把。

這樣做的話，就能幫助孩子學會傾聽自己內在的警報，並且慢慢知道自己的底限在哪裡。久而久之，孩子就能一點一滴地探索自己的內在宇宙，感受到征服世界的喜悅。父母若因爲擔心而不肯放手讓孩子冒險，不由分說地禁止孩子去嘗試，他就會變成脆弱的小孩。

當然必要時，父母在跟孩子說話之前，就必須以堅定的態度表達立場。例如，可以讓孩子自己去玩溜滑梯，但三歲的孩子絕對不能獨自跑到馬路上去。

那麼，要依什麼標準來判斷兩者之間的界線呢？這就只有自己心中才有明確的答案了。但若要爲孩子著想的話，或許還是稍微將界線放寬一點比較好。依照霍爾夫岡·伯格曼的說法，「活潑的、有時甚至熱情過頭的孩子們，歷經過艱辛困難而贏得勝利、享受過勝利喜悅經驗的孩子們，即使遇到失敗，也絕不會氣餒。」他也曾如此批判過：「打開所有和教育相關的書籍，或者尋求心理學家的意見，都只能找到保守得無聊透頂的消極看法而已。」

人生中會發生許多劇烈改變的狀況。孩子只要興奮起來，就會搞得天翻地覆，但一緊張又會全身顫動。此外，孩子也會嘗到勝利的喜悅、失敗的痛苦等等各種經驗。這些各種各樣的經驗，會讓孩子變得堅強。若沒有悲傷，就不會感覺到幸福快樂；若未經過苦難，孩子的精神也不會堅韌。況且話說回來，反正孩子想要做的事情，父母也不可能完全加以阻擋。

每個人的人生，都橫亙著許多的挑戰，孩子也必須去接受、體驗這些挑戰。孩子有權針對這些挑戰去建立自己的因應策略，而且也有權爲自己解決問題的方法和能力感到驕傲。

當然，大人判斷各種狀況的能力比孩子優秀，那是因爲我們經歷過的經驗比較多的關係。我們對於孩子即將發生的事情，事前就能預料到十之八九了。但是，不好好讀書成績就會低落、跟朋友打架可能會被大家疏遠、太過相信某件事後來卻可能讓心靈受傷……這種種事實，孩子都必須自己去經驗過才能學習到。但是即使如此，在孩子眞正需要幫助時，父母一定要陪伴在他身旁，提供他協助。

父母永遠是距離孩子一步之遙的守護天使

安娜．芭蓓蔻爾

真不敢相信，小孩子一轉眼就能爬上那麼高的攀爬架頂端！但我兒子真的是這樣，才一眨眼功夫，他就爬到三公尺高的攀爬架頂端，笑咪咪地對我招手！雖然實際上只有三公尺，可是對這麼小的孩子來說，可能感覺像是十公尺吧。要是不小心掉下來受傷的話……要是掉下來時頭先著地的話……唉，我連想都不敢想。

這時候我能採取的行動大致分成兩種，一種是站在原地，動也不動地守護著，一面祈求他能平安無事；另一種是馬上跑上前去幫助他。但是，我想兩種都不能算是最好的解決方法。若我把兒子從攀爬架上抱下來，他就喪失了一個很好的經驗；但若我只是站在下面等著他下來，而他在爬下來的途中出事的話，我一定會非常自責。

於是，我採取了另一種行動：我也爬上攀爬架到孩子身旁去，跟他一同眺望遠處的景色，然後以他察覺不出異狀的自然動作，伸手扶著他的腰。然後在他往下爬的時候，比他早一步下來，萬一他往下掉的話，我就在他下方，準備好隨時伸手救他。最後，什麼意外都沒發生，兒子順利地下來了。這時候，我看到他的臉上，洋溢著為自己冒險成功而得意的勝利光輝。

沒有自己的時間

還記得上一次看電影是什麼時候嗎？最後一次優雅的在餐廳用餐，是多久以前的事了？最近是否能夠完全不受干擾、從頭到尾做完一件自己的事？安靜地坐下來讀一本書、和朋友們悠閒地喝茶聊天的記憶，好像已經非常遙遠了。

一個晚上搞不好得起床給寶寶餵五次奶，白天也至少要爲寶寶換十次尿片。父母照顧嬰兒時，連好好洗個澡都變得非常奢侈。這樣的日子看不見盡頭，不知到底還要過多久。

嬰兒只會顧到自己的需求，可不會體貼地想到大人也是需要休息的。不過等他長大一點，大概四歲左右，就能慢慢學會理解你的需求。等孩子年紀稍長一點，你就可以用「等我把這本書看完就來幫你」「我現在得先把碗洗乾淨」「我跟朋友講完電話就來」……這些話，讓他理解父母也需要自己的時間去做自己的事情。

孩子出生後，就跟父母形成一種共生共存的關係，這樣，無法獨立生存的孩子才能夠確保自己的生存圈。霍爾夫岡．伯格曼說明：「新生兒和嬰兒一直跟母親在一起，因此才能擴張自己精神上的生活領域。」然而過了一段時期之後，孩子和父母就得學會如何一點一點地放開這種緊密關係。但是在緊密關係改變之前，孩子必須能夠確信：關愛自己、陪伴自己的人，無論何時何地都確實存在著。

孩子能夠在如此的緊密關係中，獲得巨大的安定感。霍爾夫岡．伯格曼說：「孩子因爲有了這樣的安定感，而能夠體會到內心的平和，這種經驗會一直留在他身上。小時候所獲得的安全感，經過青少年時期，到孩子長大成人後，依然會留存在他心裡。而嬰幼兒時期若沒有這樣的經驗，長大成人後就會是個性格不穩定的人。」

另一方面，孩子總是想要趕快長大獨立，希望以自己的力量去找出人生的秘密。矛盾的是，孩子一方面渴求獨立，另一方面卻又希望能一輩子待在父母身邊。

但曾幾何時，孩子終有一天得獨自面對自己的道路，這是永遠無法改變的眞理；而且這一天的到來，永遠比父母想像的時間更早。在此之前，若親子間的信賴基礎已經十分鞏固，父母就能毫不猶豫地讓孩子獨自高飛。從孩子還很幼小的時候開始，父母就應該時時刻刻把這件事情放在心上去教育孩子。

解決對策：當精神狀況極為混亂、感覺不安時，只要將意識集中在呼吸上，就能夠讓精神穩定下來。呼吸是一刻不停地流動著的，同時也直接反映著自己的狀態。那麼，自己現在的呼吸是什麼樣的狀況呢？只需短短幾分鐘，留心聆聽自己的呼吸，將注意力集中在呼吸上，就可獲得相當程度的平靜。

呼吸像是隨波晃動的船隻，又像是衝過峽谷的湍急河流。讓你的胸腔飽滿鼓起，空氣就進入肺葉中。在這個當下，不要受時間的束縛，將擔憂和其他不必要的思考，全都推到遙遠的彼方，當下只將意識集中在呼吸上面。一邊有意識地呼吸、一邊換尿片、餵奶，也一邊呼吸、一邊抱孩子。無論何時何地，都能將意識專注在呼吸上。

不管要做的事情是如何地堆積如山，父母都要有意識地盡力保有自己的時間。嘗試對丈夫說：「請你每週至少幫忙帶一次孩子」，就能擁有一些自己的時間。如果可能的話，最好能挪出至少一、兩個小時以上的時間，去做與孩子完全無關的事情。要是做不到，就會因為一直想著孩子的事情，而無法專心在自己的事情上面。

你也可以拜託丈夫或朋友帶孩子出去散步或做其他事，這樣你就可以利用這段時間，悠閒地泡澡、看書、冥想，或者就是坐在窗檯邊曬太陽、優雅地享受一杯咖啡。

絕對不要利用這段時間打電話問候好久沒聯絡的父母，或者看電視。這是完全為自己而騰出的時間，一定要用來好好地跟自己相處。

瑜伽

天秤式站立法──保持平衡

在精神非常不安或不穩定時，也能簡單做到的訓練。

將身體的重心全部放在一隻腳上，另一隻腳輕輕踮起。

雙手慢慢平伸出去，將頭轉向支撐身體重量那隻腳的方向。

緩慢地呼吸三、四次。

這時身體若能保持平衡，就能夠找回內心的平靜。

接下來換另一隻腳站立，做同樣的呼吸。重複做這個動作即可。

孩子無理取鬧時

帶著年幼的孩子外出，有時會覺得壓力很大。去超市買東西，孩子隨便抓了什麼東西都往購物車裡放、在走道中央一屁股坐下來大哭……，一碰到這類狀況，真的教人不知所措。翻閱育兒書籍，就會看到「這些狀況都是孩子在反抗」的說明。

但是，霍爾夫岡．伯格曼說：

「反抗什麼？簡直是一派胡言！那才不是反抗！母親與孩子之間，或父親與孩子之間，發生衝突的原因有千百種。而且即使是同樣的父母和孩子，每次發生摩擦的原因也都不同。仔細檢視，就會發現其中摻雜著各種因素，複雜得很。有時候是孩子的自尊心受損、有時候是遇到不順心的事等等，可能有許多不同的原因，但絕對不是反抗。」

當問題發生時，父母若能稍微以「孩子似乎正在反抗」的角度，注意觀察他所處的狀況，就比較能夠理解究竟發生了什麼事。

舉例來說，小女孩正在玩洋娃娃，本來心情很好，一邊哼著歌，一邊想幫娃娃換上新衣服。可是她沒發現那不是衣服，而是件長褲，想要把長褲穿在娃娃身上，當然穿不上去。一旁的父母看不下去，伸手拿過來想要幫她穿，這時孩子突然大聲哭鬧著用小手捶打父母。

這樣的行爲與反抗毫無關聯，原因一定出在別的地方。對孩子而言，周遭發生的事情，會對他們的情緒造成很大的影響，因爲他們總是非常直接的去體驗、經驗這些事情。感覺到冷、或者肚子餓了，雖是稀鬆平常的事，但以一個孩子的立場來看，其實是令人感到非常無助且不知所措的，因爲他們也知道，這些問題都需要大人的幫助才能解決。孩子的這些深厚感情，也能在遊戲中一窺端倪。例如，孩子有一個非常心愛的洋娃娃，當她覺得這個自己深深投入感情的娃娃遭受到阻撓，就會非常劇烈的抵抗，像前面所描述的那樣，對「妨害者」作出人身攻擊。

但是無論如何，捶打父母都是不能置之不理的現象，因此有必要先跟孩子溝通：「你這樣打我，我會很痛喔！」然後找出孩子採取激烈反抗行爲的原因。因此，父母必須先用孩子的眼光來看這個世界，才能夠知道他爲何有這種感覺。

能夠站在對方的角度來看事情，就可以理解一切；而能夠理解之後，就會找到解決的方法。相反的，若不能站在對方的立場來考量，那麼很遺憾的，恐怕就會採取錯誤的行動了。就算孩子的行爲有偏差、發生拒絕父母干涉的情況，父母也不能輕率地作判斷。

再來看另外一個例子。我們去超市時，常會見到這樣的景象：疲憊的母親兩手各提著兩、三個超市的大購物袋，跟在她後面大約三歲左右的小女孩，則搖搖晃晃地走過來吵鬧著：「我腳痛不能走路啦……」做母親的起初假裝沒聽見，繼續往前走，不料女兒開始坐在地上哭著耍賴，若再不理她，她就提高聲量哭鬧不休，甚至放聲尖叫：「抱抱……」

這時候，媽媽也不知所措地陷入典型的左右爲難狀態。很顯然的，若在這裡罵孩子，只會讓情況更加惡化；但是手上提滿購物袋的媽媽，也實在不可能騰出手來抱這個心情不好的孩子了。那麼，媽媽在這樣的情況下，能夠找出什麼方法來因應呢？丹麥的家庭心理療癒師葉思芭．優爾（Jesper Juul）提供了以下這個辦法：

母親：你眞的連走到汽車那裡的力氣都沒有了嗎？

女兒：嗯，我眞的走不動了。

母親：媽媽也很累了，沒有力氣又抱你、又拿這麼多袋子。這樣好了，我先把一些東西放在這裡，你幫忙看著，並且等我一下，我先把這些東西拿去放在車上，馬上就回來，好嗎？

女兒：不要！我要跟媽媽在一起！

母親：如果你要跟我一起的話，就只好自己走囉！你也看到了，媽媽現在手上都是東西，沒辦法抱你啊！

還有下面這個方法：

母親：你走得很累吧？媽媽也很辛苦啊！你看，我沒辦法又抱你又拿這麼多袋子。不然我們先在這裡坐著休息一下好不好？休息一會兒大概就有力氣走路了。

解決對策：如果用盡所有努力，都無法找出脫離困境的方法，這時就只剩下一個辦法，就是什麼都不做。先把時間和問題放在一邊，集中精神在自己和孩子、以及現在所處的情況上，但是不採取任何行動，甚至不去想解決的方法。就這樣一直全心全意去觀察自己、孩子和狀況，靜靜等待看看事情會不會出現轉機。

首先，花大約一分鐘，站在第三者的立場來觀察現在的處境。退後一步離孩子遠一點，但視線並不離開孩子，仍然持續觀察著自己和孩子。把腦袋中所有的判斷全都丟掉，只單純地完全集中在當下這個瞬間、這個地方的自己上面。在呼吸之間回想起自己什麼都無法做的事實，然後在吐氣的時候，用力把無力感全部一起吐出去。若憤怒仍然殘留在心裡，就深深地吸氣，再用力吐氣，設法脫離如此憤怒的狀態。

若這樣仍不能解決問題的話，就先放著不管，只要能讓自己稍微恢復平靜，就夠了。只要先這樣做，就能換個新的角度去看自己所處的狀況，至少可以避免讓事情繼續惡化。

用盡全力抵抗

安娜・芭蓓蔻爾

當孩子頑強抵抗時，大人有時候無論做什麼，都不能理解問題到底出在哪裡。

裴利克斯小時候有個不好的習慣，常常用盡全身的力氣來掙扎、抵抗。當他不想出門、不想坐在嬰兒車上、不想穿厚外套的時候，就用整個身體來表示拒絕，就算大人用力壓他都沒用。他的掙扎相當有力，而且總是百分之百能達到效果。

在裴利克斯如此倔強、全身出力的時候，我們沒辦法幫他穿衣服，也沒辦法把他放進嬰兒車，連要抱他都很困難。

我們完全無法理解孩子為何要這麼做。遇到這樣的情形，安慰也好、威脅也好、用甜言蜜語誘惑也罷，無論做什麼都絲毫起不了作用。我有時甚至會想：說不定裴利克斯覺得看大人慌了手腳的模樣很有趣，才故意這麼做。總之，即使到了現在，我們仍不知道他反抗的理由到底是什麼。但曾幾何時，裴利克斯就在不知不覺中戒掉了這種「頑強抵抗」的遊戲。

氣功

幫助四歲以上的孩子
有效抑制憤怒的魔術拳

孩子有時會爆發莫名的怒氣，必須幫助他將這股憤怒的能量釋放出來。這種氣功訓練，可以讓孩子在生氣時發洩能量，因此是真的要出力的訓練。

雙腳張開適當的距離，膝蓋稍微彎曲，在腰背挺直的狀態下，腳尖朝前。父母最好能示範給孩子看，讓他模仿這個狀態。

對孩子說：「現在集中全身的力量！你所有的力量都在這個拳頭上了，把一切怒氣都放在拳頭上，用力朝前打出去。打出一隻拳頭的時候，另一隻拳頭收在身體旁邊。然後，兩手交互出拳，把憤怒都發洩出來！」

孩子怒火中燒時

當孩子感到憤怒時，轉瞬間就會化身如惡魔般，而父母則因爲孩子的情緒變化而無所適從。雖然剛開始的時候父母會不知如何是好，只能盡力安撫孩子，但他無論如何都不肯聽，到最後連父母也生氣了起來，想說：「你到底是怎麼了？需要這麼大聲的哭、這麼胡鬧嗎？爲什麼一句話都不肯聽呢？」有時候父母會覺得孩子根本是在無理取鬧，簡直是毫無意義地哭鬧。

但其實這時我們都忽略了一個重點：身爲父母的我們，忘記在生活中實踐正念了。我們沒有仔細觀察孩子是否肚子餓了、累了，只是一味地頑固堅持著自我，以先入爲主的觀念先作判斷，習慣性的反應已經在我們腦中動作起來了。

父母無法正確理解孩子的反應，在尚未確定原因之前，就先判定是孩子不對，甚至連自己生氣的理由也都怪罪到孩子頭上去。

但是，絕大部分的錯誤都是一開始就造成的。若一開始父母能仔細留意、正確觀察，就可以發覺到眞正的問題出在哪裡。

孩子表達自己的憤怒，是可以容許的，因爲他們必須直接體驗各種情緒，並學習如何處理。問題反而在於大人沒有太多機會去學習如何處理這樣的狀況。

我們小時候，一做錯事就會被大人罵得很慘。那個時代的大人就是用這樣的方法教小孩子聽話，沒遇到什麼爭議就把孩子養育成人了。

但是這樣的教育方式有一個致命的副作用，就是我們不懂得如何面對錯綜複雜的感情，不會把各種情緒當作人性的一部分而坦然接受，也不會有意識地去對抗，反而習慣把感情塞進心靈底層的角落，不去理會。

孩子對父母的負面行爲，只要能從正面的角度來看，就能正確理解。當然，要做到這點，父母必須積極地以正念的態度，去理解整個狀況。可能孩子眞的是因爲累了，才會這麼不可理喻；但因爲發生的狀況不同，因此也可能是因爲肚子餓了等等。

不過，這裡絕不是要求父母「連無論如何都不能接受的事情，都要無條件地忍耐」，而只是要我們先空下很短的一段時間，不作任何的價值判斷，只以溫柔的心、傾注自己的意識，去觀察眼前所發生的狀況。在我們這麼做的瞬間，才能學會單純地接受孩子，而不將自己的欲求和不安投射在他們身上。

最重要的一件事，千萬要銘記在心：孩子不是父母所擁有的東西，他們只是需要父母的保護而已。雖然如此，包括筆者在內的許多大人，還是會用自己的期待去要求孩子。但是，孩子一定要依照父母的期待來行動嗎？說來慚愧！只要產生這種負面的想法，就應該立即切斷，這時候只要想「孩子特定的行爲方式，與我完全無關」，就好了。

無論孩子年紀多小，都能清楚感覺到父母是否全心全意接受自己。就算孩子怒氣當頭，只要能感受到父母的愛，雖然處在困難的狀況下，他也仍然能吸取到正面的養分。孩子將會領悟到：父母不僅是在自己乖乖聽話時才愛我，無論何時何地何種狀況下，父母都是愛我的。經過這樣的體認，他就會成長爲一個身心平衡的人。孩子有時會爲了測試自己的能力而讓情緒劇烈爆發出來。從大人的眼光來看，或許會覺得這是一種反抗；但對孩子而言，這可能只是一種挑戰、好奇心或者冒險。

孩子出現這種行爲，其實也有好處。因爲唯有孩子確信父母會守護著自己時，才會如此果敢地挑戰。子女從父母身上學習到人生所需的勇氣，有意識地練習他在成長階段所必須面對的課題，因此，這時候孩子已經在學習獨立了。

當然，即使如此，也絕不能容許孩子對自己或他人造成傷害。若出現可能的危險，父母就要立即加以干涉，跟孩子說明爲何不可以做出這樣的舉動，用心讓他知道分寸在哪裡。

解決對策：當孩子在生氣、亂摔東西時，對父母而言雖然是非常棘手的局面，但仍然要用心思考：現在孩子眼中所看見的世界，是什麼樣子。例如：孩子在玩沙場用沙土堆出一個高塔時，他的思緒裡會出現什麼樣的感受？高塔愈堆愈高了，他的心裡有多高興？相反的，高塔崩塌下來時，他會有多傷心？

還有孩子說不想去幼稚園時，理由到底是什麼？孩子因爲睡不著而苦惱時，是不是發生了什麼讓他感到害怕的事情？如此這般，只要父母改變自己的立場去思考，就能夠理解孩子眞正期待、需要的是什麼。

等孩子稍微大一點，就可以用問題直接誘導他：「我知道你在生氣，可不可以把生氣的理由詳細說給我聽？告訴我要怎麼做才能讓你消氣呢？要怎樣才能讓你平靜下來？」

爸爸，你看！

史蒂文・李斯

有一次，我跟平平一起在公園玩。看到他很開心的在玩沙，我就去旁邊幫另外一個小女孩爬上溜滑梯。平平也看到我在那裡做什麼，但他沒說話，等到我回到玩沙場時，他就靠到我身旁來，然後忽然抓起沙子丟我，才背對著我跑開，又一個踉蹌跌倒在地上。平平非常生氣，拿著小鏟子走了過來，大聲地說：「爸爸，我要打你喔！」

我問他為什麼要打我，他說：「因為你害卡蘿跌倒了。」可是，我和妻子的親戚朋友、鄰居、幼稚園的老師、同學當中，都沒有一個名字叫卡蘿的人。儘管如此，每次平平在發生了什麼事情、或對什麼不滿而發脾氣的時候，總是會怪罪於「卡蘿」。

總之，我能夠明白他那天發脾氣的原因，因為他辛苦用沙子做了一個漂亮的蛋糕，結果爸爸不但沒誇獎他，還跑去幫另外一個女孩爬溜滑梯！

處理了錯誤，也療癒了自己

一旦發覺那是個錯誤，就要立刻尋找修正的方法。

——達賴喇嘛

天底下所有的父母，都會有情緒失控、無法克制而爆發的時候。此時，無論什麼從容心、慈悲心，甚至長年累月的專業經驗，都毫無幫助。這種場面，尤其在自己疲憊不堪的時候最容易發生。遇到這樣的情形，若兩歲多的小孩又在一旁無理取鬧的話，我們不但沒辦法安慰他，反而會跟他一樣大聲吼叫，怒不可遏。

若在這樣的狀況下，仍能站在孩子的立場去思考，或者能夠不讓自己在盛怒之下作決定，該有多好啊！要是這時候能夠理解孩子的想法、站在他的立場來看事情，就不會鬧得一發不可收拾了。但是這也沒辦法，那都已經是無法壓抑怒火、整個爆發過後的事，後悔也來不及了。

憤怒的風暴

安娜・芭蓓蔻爾

記得那是兒子麥可斯米立安九歲左右發生的事。那天晚上已經十點半了，麥可斯米立安還不肯上床睡覺。不巧，我一整天工作都非常忙碌，疲憊不堪地回到家裡，只希望孩子們能夠早點睡覺，讓我安安靜靜地享受一點個人的時光。偏偏事與願違，麥可斯米立安一點都不想睡，非但如此，他還堅持說自己睡不著，所以要看電視。

在我說不可以之後，他就大聲吼叫。我警告他說：「安靜一點，否則你會把弟弟吵醒！」但是一點效果都沒有，麥可斯米立安開始用幾乎能震動房子的音量尖叫，這下可好，老二果然被他吵醒，從床上爬起來哭泣。這到底是怎麼回事！兩個兒子都在大哭小叫、吵鬧不休，我渴望的寧靜夜晚早就被暴風吹到九霄雲外了。

我心中的怒氣湧了上來，心想：「麥可斯米立安為什麼這麼不聽話？」當時我完全沒注意到我只站在自己的立場來考慮，只顧著大聲吼回去，同時把兒子關進房間，「砰」地一聲用力把房門關上，狠狠地威脅他：「你敢從房間裡出來，看我怎麼處罰你！」我當時的模樣一定非常可怕，因為麥可斯米立安真的不敢離開房間一步，但我聽得見他在裡面大聲哭叫、往牆上摔東西。

那時候什麼問題都沒解決，就已經把我累得筋疲力盡了，因此，我到現在還非常鮮明地記得那一刻。那天晚上，我甚至不知道兒子是什麼時候睡著的。任憑自己的怒氣全部爆發之後，我累得半死，轉過身去不理會孩子，戴上耳機把音量轉得很大，一個人聽著音樂。

告別罪惡感和良心的苛責

大多數父母在對孩子的行爲反應過度、或者凶狠地責備過孩子之後，都會感到後悔。除了當然會有的不安之外，也會覺得似乎之前所有的努力都付諸流水，一切都被毀掉了，同時也會被深刻的罪惡感包圍。

佛教認爲，被罪惡感苛責的態度並不正確。而且在西藏的語言中，連相當於「罪」的辭彙都沒有，最多只有類似「可惜」「良心不安」這樣的詞。而且，表達「後悔」這個概念的辭彙，也同時具有「今後要採取正確行爲」的意思。在佛教的世界中，罪惡感是沒有意義的感情，而「罪」的意思就是痛苦。

因此，達賴喇嘛教我們，不要懷著罪惡感生活，取而代之的是對平常的習慣提出疑問，找出另一個觀點代替罪惡感，一個能對未來有幫助的替代方案。罪惡感的意義，來自於確信自己「犯下了無法挽回的錯誤」，因爲罪惡感而感到痛苦，是因爲我們覺得所有的問題都會永遠持續下去。

但是，達賴喇嘛卻教導我們：「人生是不斷流動的，沒有任何事物會永遠不變。」

找尋替代方案

對於子女教育的危機感，以及我們對於危機所感受到的無力，同時也可以是一個讓我們矯正錯誤、獲得學習的大好機會。在陷入危機時，我們應該詢問自己下面的問題：

- 是否有採取其他行動的可能？
- 下次在同樣狀況下又抱持負面情緒時，該如何處理？
- 我所習慣的這些行動模式，是否不太好？我小時候是否有過類似經驗？當時父母是如何處理的？

尤其當我們完全無法處理某種特定狀況時，最後這段話可以幫助我們理解其原因。喬．卡巴金醫師的妻子蜜拉，曾經這樣說過：

「我在自己的人生中所學到的事，大多都是我爲人母時所學會的。孩子們不斷地提醒我，什麼時候應該學些什麼。有很長一段時間，我努力想從孩子的觀點來看事情，然後有一天、某個瞬間，我睜開眼睛時忽然恍然大悟，原來是自己年幼時的某些關係一直束縛著我，讓我不知不覺採取有害的過往行爲模式！」

手指的瑜伽

消除壓力的手印

這個訓練可以讓心臟的狂亂鼓動平靜下來，對於找回內在的調和非常有效。每個人都需要一個專屬於自己的場所，而這個地方就藏在我們內心最深處。

胃的上方有一個脈輪，因為許多神經聚集於此，因此稱為太陽神經叢，是氣的重要根源。

兩手手指相扣握在太陽神經叢的位置上。

兩手中指伸直相抵，其他手指仍交握保持原狀。

呼吸時，將意識集中在胃的上方。呼吸之間要放輕鬆。

在教養子女的時候，感覺血壓上升的情況會相當多。例如，孩子爬上很高的椅子，還說自己在做體操訓練，或是試圖打開滾燙的鍋蓋等等，那一瞬間，真的讓人覺得心臟要停止跳動了！

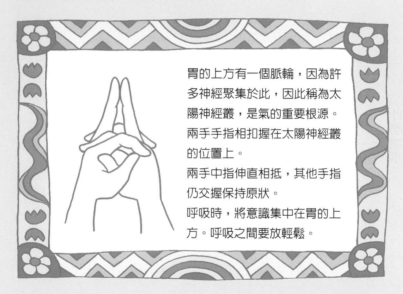

脫離往昔的陷阱

每當我們能捨棄自己的觀點，站在孩子的立場上思考時，我們就進步了一點。當我們能夠分析自己爲何感到如此無力，以及負面行爲背後藏著什麼樣的經驗時，我們就又朝前邁進了一步。

只要能這樣努力，接下來我們就增加了好幾個可以選擇的項目。我們可以選擇再度大聲吼叫、一再陷入無法控制的狀態中；或者相反的，我們願意設法理解「孩子爲何會如此」。換句話說，你想要不斷地跟孩子起爭執，言不由衷地說一些「你怎麼這麼壞」「你有毛病嗎」等等傷害孩子感情的話？或者，你想要另外找出新的解決方法？

父母（大人）總是傾向於維持從小學會的行爲模式。父母對我們所採取的行動和態度，對我們具有決定性的影響。有時我們連自己的意志都無法控制，就白白陷入困難的狀況中。

當你還是個孩子，做了什麼壞事時，你的父母是否也這樣對你大聲吼叫：「安靜」「別亂動」……，完全跟你現在要求自己的孩子一樣。遇到這樣的情形，可得更加集中在正念的練習上。讓自己靜下來，在心中檢視目前的狀況，傾聽內在的聲音。

再一次認眞的考量：現在這個行爲，與自己年幼時所建立的世界觀，是否有某種關連？我們是否期望子女長大後，也採取同樣的行動？

現在這個瞬間，正是認識自己年幼時心靈所受到的傷害、並切斷束縛自己繩索的最好時機。若能做到，我們就能夠以新的方式與孩子相處。

就算父母習慣以吼叫的方式來管教我們，你也不需因此而對子女做同樣的事情。不需要因爲父母曾經要求你順從，你就要求自己的孩子一定要順從；就好像父母栽培你當運動選手，但你並不需要也培養孩子當運動選手一樣。

對我們而言，設定新方向的這一瞬間，喬・卡巴金醫師的妻子蜜拉將此命名爲「癒癒的瞬間」。她說：「下定決心設法認清孩子的欲求、試圖尊重子女的時候，我們心中那個幼年時未被填滿的欲求，也終於受到了應得的尊重。」

勇於道歉

你不免會擔心：若我再犯了，該怎麼辦？不要緊的，在一團混亂當中，能夠停下來稍微喘口氣，也會帶來很大的效果。讓自己的心稍微平靜下來，集中在呼吸上面，試著站在第三者的立場來觀看整個局面。這時候，只要客觀地意識到整個狀況即可，不需採取任何行動，只需單純地站在那裡旁觀就足夠了。

不過，當父母對親子間的信賴關係造成傷害時，就應該立刻道歉。道歉這個行為也是一種訊號，表示父母開始重新審視目前的局面，學習站在子女的立場思考。同時，道歉也能夠非常有效地讓自我鎭定下來，平息憤怒。

當然，若父母太常道歉，也不是好事，因爲道歉已失去原本的意義了。以正念的心，用心留意觀察狀況，只有在自己打從心底覺得後悔時，才需要道歉。過度頻繁地道歉，只是顯示自己沒有盡到爲人父母的責任，用心地注意守護好子女。

對父母而言，總是期望孩子能對自己的感情與行爲負責，這裡面包含了「能認知並承認自己的錯誤」這件事。因此，「道歉」是父母直接讓孩子看見我們對自己行為負責任的表現。而在道歉之後，父母還要與孩子一起思考，如何避免發生同樣的狀況。

手指的瑜伽
讓心靈平靜的手印

這個動作可以用來排除體內的老化物質、廢物和毒素，對減肥也很有效。尤其對身心壓力較大的父母而言，還具有淨化心靈毒素的效果。不僅如此，更能讓我們放鬆心情、找回耐心、平靜、信賴，以及內心的平衡。

兩手的拇指、中指、無名指指尖集於一處，其他手指伸直。
維持這個姿勢至少五分鐘以上。

這個手印是數千年前流傳下來的手指瑜伽，在遇到問題的時候，能夠有效地提供幫助。

【後記】

為人父母，正意味著「變化」

人生隨時都充滿著變化，想必父母對此一定有特別深刻的體會。與子女共度的時光總是不知不覺地溜走，很快就成爲回憶。等我們領悟到這個事實時，多半爲時已晚，大多數的父母都會因此自責，後悔自己沒能更重視、更寬心地享受那些與子女們共度的時刻。我自己也是這樣。

但是，人生就像松鼠轉動著卻哪兒都去不了的滾輪。我們都很清楚：在工作和家庭之間來回奔波的忙碌生活、維持家庭圓滿和協，是多麼不容易的事。在這樣辛苦的狀態下，誰能說自己是勝利者呢？能夠承受這一切，就已經很了不起了！

從某種角度來看，教育子女是長達一輩子的實驗，在這麼漫長的實驗過程中，沒有人能自誇從沒失敗過。事實上，在人的一生當中，誰都不可能永遠正確而且完美地行動。因此，重要的是，能夠從混亂中導引出什麼、找到什麼。若能從這個角度來看人生，那麼與子女共度的生活，正是最棒的機會。

總有一天，我們因孩子們太早獨立單飛而覺得悲傷的日子就會到來，過去那些令人懷念的幸福時光，都還沒有機會好好享受，想到就讓人心痛啊！等到孩子離開我們身邊、獨立生活了以後，我們就會爲了想起過去一點小小的錯誤而後悔自責。但是，幸運的是：無論孩子幾歲都沒關係，父母的存在本身就具有永遠不褪色的美麗魅力。

「新手父母可能覺得無法置信：親子間的感情牽絆是與日俱增的，而且這種親密會自動增加，不管孩子幾歲都一樣的。這是非常美好的關係。」安東雷・比修普（Andrea Bischhoff）在被稱爲「反對兒童教育」的《兒童教育錯誤事典》一書中如此表示。

爲人父母就是一種非常大的變化，不消說，也是人生最棒的變化。照顧一歲的孩子相當辛苦，但這時候他多麼可愛啊，眞是討喜得不得了！三歲的孩子呢，像天使一樣讓父母禁不住微笑！開始上學的孩子，找到新的人生那種認眞專注的眼神，讓人心醉又感嘆、心愛又可愛。

但是，當八歲的孩子撥開父母的手，想要自己一個人走的時候，是多麼令人心痛啊！雖然如此，但當他能夠獨自安全地過馬路時，父母又高興得像什麼似的。甚至進入青春期的孩子，雖然偶爾會給父母惹些麻煩，但也爲父母帶來許多新的發現和喜悅。這個時候，我們開始可以跟子女進行對等的談話，你會驚訝於孩子像個天生的哲學家，常提出一些令人嘆爲觀止的問題。過了青春期成長爲大人之後，孩子開始出社會工作、自己也爲人父母了，卻仍然在每個人生的轉角，帶給父母不同的驚喜。

如果能夠接受「與子女共同度過的人生，永遠充滿著變化」這個眞理，就能看見一個事實浮現出來，那就是：雖然子女總是跟父母在一起，但絕不是父母的附屬品。

印度醫生、同時也是哲學家的狄巴克．喬布拉（Deepak Chopra）曾經說：「家族，並不是單純地讓我們經歷勝利或失敗的私人團體。家族是靈魂的共同體。」

我們應該將這句話牢牢地銘記在心，只要孩子感覺到「家族是靈魂的共同體」，親子間的關係就怎麼切也切不斷了。因爲孩子在靈魂的共同體中，能夠獲得足夠的力量，幫助他克服日後可能遭遇的任何困難。

當我們爲人父母以後，就能透過孩子，像照鏡子一樣，清晰地看見自己內在最好與最不好的部分、最美麗與最糟糕的瞬間、最擬然入神與最憤怒發抖的瞬間……。無論什麼樣的家庭，都會將親子一同度過的日子，當作最幸福快樂的記憶，小心翼翼地珍藏起來。即使如此，有時候也仍然會有被憤怒、恐懼或不安包圍的混亂生活。

但即使在如此困難的瞬間，我們也要用心地以正念的心去仔細觀察、分析，找出方法讓這樣的瞬間也能對我們發揮正面的影響。這時候，子女對父母而言就是最優秀的導師了。

孩子對所有的父母而言都是「小小的禪僧」，子女不斷地訓練我們，讓我們能成爲完美的父母，跟孩子一同度過的人生是波濤萬丈，也是柔軟溫馨；是可愛，也是痛苦；是妙趣橫生，也是悲苦蒼涼；有時單純，有時又複雜，這些與禪師修行的過程全然一樣。

然而，這個「小小的禪僧」並沒有帶來他的「使用說明書」。依照喬・卡巴金醫師的說法，「他們只是單純的存在」而已。而他在回想起自己的孩子還是嬰兒的時候說：「跟其他的孩子一樣，我的孩子也像個小釋迦牟尼似的，有著圓滾滾的肚子和大大的頭，甚至連微笑都同樣的神秘！」

小禪僧的教誨，幫助我們成為自己，能夠直接面對自己而不退縮，而且使我們內在的天性得以正念。與此同時，小禪僧也送給我們一份美好的禮物，他幫助我們鼓起勇氣尋找自己的命運、走上屬於自己的道路。

謝謝了，孩子們！

延·伸·閱·讀

寫給媽媽的佛法書：不煩不憂照顧好自己與孩子

如何做個讓孩子快樂，
你也快樂的媽媽？

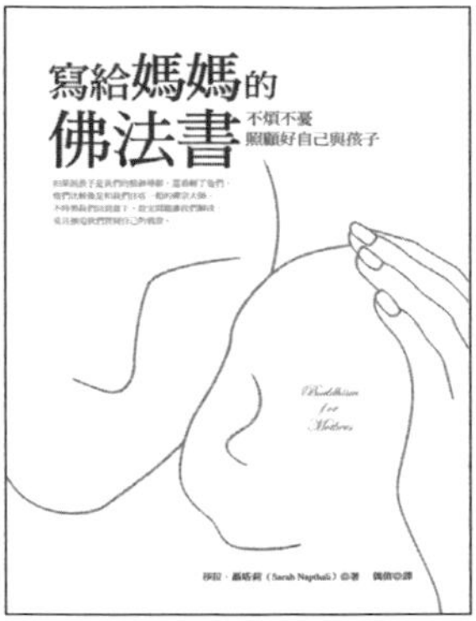

* 請記得，出現在你生命當中的每個人都是你的性靈導師，特別是你的孩子。
* 請試著想，讓自己的意見能較具彈性，這會對你有幫助，不僅能減輕你的痛苦，而且會覺得跟別人的關係更加緊密。
* 接受孩子本來的面貌，不要將自己的需要及不安投射在他們身上。我們並不擁有孩子，他們需要的是我們的保護。
* 請了解愛別人的重要性，並且請記得愛別人可以幫助你自己，讓你更快樂、頭腦更清醒。

莎拉·娜塔莉◎著
偶值◎譯
定價 300 元

這樣玩，讓孩子更專注、更靈性

幫助你的孩子克服壓力，
更快樂、更善良、更有同情心

你相信嗎？善用「呼吸」就能有效提升孩子的專注力，很神奇吧！

父母再也不用花大錢開發孩子的左腦、右腦或全腦，每天只需少少的時間，運用家中的小玩意，搭配書中簡單、好玩又有趣的遊戲，就能穩定孩子的情緒，開發孩子專注的潛能。

父母是孩子專注力最好的啓蒙老師！有時間就跟孩子玩，不要急，也不需有壓力，孩子絕對可以在日積月累之下，建構珍貴的人格特質和穩定的心智，這就是父母送給孩子一生受用不盡的資糧。

蘇珊·凱瑟·葛凌蘭◎著
謝瑤玲◎譯
定價 350 元

橡樹林文化 ❖❖ 眾生系列 ❖❖ 書目

JP0001	大寶法王傳奇	何謹◎著	200 元
JP0002X	當和尚遇到鑽石（增訂版）	麥可．羅區格西◎著	360 元
JP0003X	尋找上師	陳念萱◎著	200 元
JP0004	祈福 DIY	蔡春娉◎著	250 元
JP0006	遇見巴伽活佛	溫普林◎著	280 元
JP0009	當吉他手遇見禪	菲利浦．利夫．須藤◎著	220 元
JP0010	當牛仔褲遇見佛陀	蘇密．隆敦◎著	250 元
JP0011	心念的賽局	約瑟夫．帕蘭特◎著	250 元
JP0012	佛陀的女兒	艾美．史密特◎著	220 元
JP0013	師父笑呵呵	麻生佳花◎著	220 元
JP0014	菜鳥沙彌變高僧	盛宗永興◎著	220 元
JP0015	不要綁架自己	雪倫．薩爾茲堡◎著	240 元
JP0016	佛法帶著走	佛朗茲．梅蓋弗◎著	220 元
JP0018C	西藏心瑜伽	麥可．羅區格西◎著	250 元
JP0019	五智喇嘛彌伴傳奇	亞歷珊卓．大衛－尼爾◎著	280 元
JP0020	禪　兩刃相交	林谷芳◎著	260 元
JP0021	正念瑜伽	法蘭克．裘德．巴奇歐◎著	399 元
JP0022	原諒的禪修	傑克．康菲爾德◎著	250 元
JP0023	佛經語言初探	竺家寧◎著	280 元
JP0024	達賴喇嘛禪思 365	達賴喇嘛◎著	330 元
JP0025	佛教一本通	蓋瑞．賈許◎著	499 元
JP0026	星際大戰．佛部曲	馬修．波特林◎著	250 元
JP0027	全然接受這樣的我	塔拉．布萊克◎著	330 元
JP0028	寫給媽媽的佛法書	莎拉．娜塔莉◎著	300 元
JP0029	史上最大佛教護法－阿育王傳	德千汪莫◎著	230 元
JP0030	我想知道什麼是佛法	圖丹．卻淮◎著	280 元
JP0031	優雅的離去	蘇希拉．布萊克曼◎著	240 元
JP0032	另一種關係	滿亞法師◎著	250 元

JP0033	當禪師變成企業主	馬可・雷瑟◎著	320 元
JP0034	智慧 81	偉恩・戴爾博士◎著	380 元
JP0035	覺悟之眼看起落人生	金菩提禪師◎著	260 元
JP0036	貓咪塔羅算自己	陳念萱◎著	520 元
JP0037	聲音的治療力量	詹姆斯・唐傑婁◎著	280 元
JP0038	手術刀與靈魂	艾倫・翰彌頓◎著	320 元
JP0039	作為上師的妻子	黛安娜・J・木克坡◎著	450 元
JP0040	狐狸與白兔道晚安之處	庫特・約斯特勒◎著	280 元
JP0041	從心靈到細胞的療癒	喬思・慧麗・赫克◎著	260 元
JP0042	27% 的獲利奇蹟	蓋瑞・賀許伯格◎著	320 元
JP0043	你用對專注力了嗎？	萊斯・斐米博士◎著	280 元
JP0044	我心是金佛	大行大禪師◎著	280 元
JP0045	當和尚遇到鑽石 2	麥可・羅區格西◎等著	280 元
JP0046	雪域求法記	邢肅芝（洛桑珍珠）◎口述	420 元
JP0047	你的心是否也住著一隻黑狗？	馬修・約翰史東◎著	260 元
JP0048	西藏禪修書	克莉絲蒂・麥娜麗喇嘛◎著	300 元
JP0049	西藏心瑜伽 2	克莉絲蒂・麥娜麗喇嘛◎等著	300 元
JP0050	創作，是心靈療癒的旅程	茱莉亞・卡麥隆◎著	350 元
JP0051	擁抱黑狗	馬修・約翰史東◎著	280 元
JP0052	還在找藉口嗎？	偉恩・戴爾博士◎著	320 元
JP0053	愛情的吸引力法則	艾莉兒・福特◎著	280 元
JP0054	幸福的雪域宅男	原人◎著	350 元
JP0055	貓馬麻	阿義◎著	350 元
JP0056	看不見的人	中沢新一◎著	300 元
JP0057	內觀瑜伽	莎拉・鮑爾斯◎著	380 元
JP0058	29 個禮物	卡蜜・沃克◎著	300 元
JP0059	花仙療癒占卜卡	張元貞◎著	799 元
JP0060	與靈共存	詹姆斯・范普拉◎著	300 元
JP0061	我的巧克力人生	吳佩容◎著	300 元
JP0062	這樣玩，讓孩子更專注、更靈性	蘇珊・凱瑟・葛凌蘭◎著	350 元

Original title: Das Dalai-Lama-Prinzip für Eltern by Anne-Bärbel Köhle and Stefan Rieβ
© 2007 by Wilhelm Goldmann Verlag,
a division of Verlagsgruppe Random House GmbH, München, Germany.
Complex Chinese language edition arranged through *jia-xi* books co., ltd., Taiwan

眾生系列　JP0063

達賴喇嘛送給父母的幸福教養書：
告別懷疑、不安、疲憊、罪惡感，迎接嶄新的親子關係

作　　　者／安娜・芭蓓蔻爾（Anne-Bärbel Köhle）＆史蒂文・李斯（Dr. Stefan Rieβ）
譯　　　者／李道道
副　主　編／劉芸蓁
行　　　銷／劉順眾、顏宏紋、李君宜

總　編　輯／張嘉芳
出　　　版／橡樹林文化
城邦文化事業股份有限公司
台北市民生東路二段 141 號 5 樓
電話：(02)25007696　傳眞：(02)25001951
發　　　行／英屬蓋曼群島家庭傳媒股份有限公司城邦分公司
台北市民生東路二段 141 號 2 樓
書虫客服服務專線：(02)25007718；(02)25007719
24 小時傳眞專線：(02)25001990；(02)25001991
服務時間：週一至週五上午 09:30 ～ 12:00；下午 1:30 ～ 17:00
劃撥帳號：19863813；戶名：書虫股份有限公司
讀者服務信箱：service@readingclub.com.tw
城邦讀書花園網址：www.cite.com.tw
香港發行所／城邦（香港）出版集團有限公司
香港灣仔駱克道 193 號東超商業中心 1 樓
電話：(852)25086231　傳眞：(852)25789337
E-mail：hkcite@biznetvigator.com
馬新發行所／城邦（馬新）出版集團【Cite(M) Sdn.Bhd.(458372 U)】
11, Jalan 30D/146, Desa Tasik, Sungai Besi,
57000 Kuala Lumpur, Malaysia
電話：(603)90563833　傳眞：(603)90562833

版面構成／歐陽碧智
封面設計／周家瑤
印　　刷／韋懋實業有限公司

初版一刷／ 2012 年 1 月
ISBN ／ 978-986-6409-29-5
定價／ 280 元

城邦讀書花園
www.cite.com.tw
版權所有・翻印必究（Printed in Taiwan）
缺頁或破損請寄回更換

國家圖書館出版品預行編目資料

達賴喇嘛送給父母的幸福教養書：告別懷疑、不安、疲憊、罪惡感，迎接嶄新的親子關係 / 安娜・芭蓓蔻爾（Anne-Bärbel Köhle）＆史蒂文・李斯（Dr. Stefan Rieß）著；李道道譯 -- 初版 .-- 臺北市：橡樹林文化，城邦文化出版：家庭傳媒城邦分公司發行，2012. 01
面；　公分 . --（眾生系列；JP0063）
譯自：Das Dalai-Lama-Prinzip für Eltern
ISBN 978-986-6409-29-5（平裝）

1. 家庭教育　2. 子女教育

528.2　　　100025479